Si buscas un incomparable entorno natural, alejado del turismo de masas, en el que disfrutar de caminatas de nivel variado en un entorno de valles y montañas privilegiado, ya lo has encontrado. El asturiano concejo de Ponga ofrece todo eso y mucho más.

NTRE las cumbres frecuentemente blancas en invierno del Maciédome (1903 m), el Tiatordos (1950 m) o el Abedular (1817 m) serpentean los caminos que van recorriendo el Cordal de Ponga. Desde lo alto podemos disfrutar de sus impresionantes vistas a los Picos de Europa, con sus frondosos valles al fondo, surcados por ríos como el emblemático Sella. Ubicado al oeste de Asturias, en pleno macizo cantábrico, el concejo de Ponga se caracteriza por su paisaje único y su abrupto relieve, que ofrecen una amplia variedad de opciones para los amantes del senderismo y el trekking.

El Parque Natural de Ponga, declarado Reserva de la Biosfera por la UNESCO en el año 2018 y con una superficie de unas 20 mil hectáreas, presenta un relieve complejo, con altitudes que van desde los 300 m a los más de 2100 m de la Peña Ten. Su buen estado de conservación hace que albergue algunas de las especies más emblemáticas de la cordillera, como la nutria, el urogallo cantábrico o incluso ejemplares de oso pardo. En su Centro de Interpretación encontraremos información práctica e interesantes exposiciones.

Localidades como San Ignacio, Sobrefoz, Taranes, Abiegos o Priesca son puntos de partida y de llegada idóneos para los caminantes. En ellos encontraremos además alojamientos de diverso estilo, desde pequeñas pensiones a acogedoras casas rurales en las que integrarse en la vida de los pueblos en plena naturaleza.

La altura de la gastronomía asturiana es de sobra conocida: una cocina nutritiva, tradicional y vinculada al monte, además de abundante. Después de una buena caminata no puede faltar un reconstituyente pote asturiano o unas buenas fabas. Los platos de caza son uno de los puntos fuertes de los restaurantes de la zona, además del conocido queso de Beyos, que solo se elabora en Ponga.

Estas son algunas de las rutas de senderismo de las que podremos disfrutar en este privilegiado entorno:

Entre su vegetación nos encontraremos también con madroños y brezales que aportan las notas de color al paisaje.

Ruta circular por el valle de Ponga

Uno de los recorridos más recomendables es el que transcurre por el gran valle de Ponga, formado por la unión del río del mismo nombre (el Ponga, que es uno de los principales afluentes del río Sella) con el valle del río Peloño. La propuesta pasa por los tres grandes pueblos del valle: San Xuan/Juan de Beleño, Sobrefoz y Abiegos, utilizando las antiguas vías de comunicación de estas poblaciones, que van atravesando bosques de castaños centenarios con arandanera negra. Entre su vegetación nos encontraremos también con madroños y brezales que aportan las notas de color al paisaje, predominantemente verde. Gran parte del trayecto sigue la ribera del río Ponga, cruzándolo por un genuino puente de roca, y en el que podremos también admirar una pequeña cascada. Pasa también por un mirador, desde el que podremos disfrutar de las vistas de los pueblos del frondoso valle, al que regresaremos. La ruta finaliza en el mismo punto del inicio, el centro de interpretación de San Juan de Beleño, en el cual encontraremos extensa e interesante información sobre la zona, con gran variedad de exposiciones.

Punto de partida y de llegada: San Xuan de Beleño (centro de interpretación). **Distancia:** 10,2 km. **Desnivel positivo:** 224 m. **Dificultad:** Baja. **Horario estimado:** 3 h.

Subida al pico Tiatordos (1951 m)

Esta propuesta, también circular, es exigente puesto que, aunque la distancia no es elevada, sí supera un desnivel importante, partiendo de una altitud de 571 m de la localidad de Taranes hasta la cumbre del pico Tiatordos. En especial en los primeros 3 km del recorrido se salva un fuerte desnivel, surcando la Foz de la Escalada y el Hayedo de la Bufona. Tras este esfuerzo inicial pasaremos a disfrutar de los pastizales de montaña salpicadas de piornales. Encontraremos la Mayada de Entregüé, un rincón que transmite una paz especial, con sus cabañas y una fuente, idóneo para hacer un alto. Desde aquí continúa la ruta por el PR65, encontrándonos con un sendero que nos permite coronar la cumbre del Tiatordos, que en el invierno podemos encontrar nevado. Entre otros atractivos de esta ruta está la impresionante aguja de caliza conocida como el Fuso de la Muyer o, ya hacia el final del recorrido, el castro romano de El Castiellu. Una variada ruta que no defraudará a los más montañeros.

Punto de partida y de llegada: Taranes. **Distancia:** 7,2 km. **Dificultad:** Alta. **Horario estimado:** 8 h.

Por el hayedo de Peloño

Bella ruta que nos invita a dejarnos llevar por los sentidos, introduciéndonos en el túnel de vegetación y paisajes

Entre su vegetación nos encontraremos también con madroños y brezales que aportan las notas de color al paisaje, predominantemente verde. Gran parte del trayecto sigue la ribera del río Ponga.

que nos regala el bosque de Peloño. Antes de introducirnos en el bosque, surcaremos unos claros que proporcionan unas vistas únicas del macizo calcáreo de Picos de Europa. Una cómoda pista atraviesa el hayedo en la que solo nos encontraremos dispersas cabañas de pastores y otros senderistas. Es además un camino con historia en el que nos encontraremos con la Ermita del Arcenorio, así como antiguos nidos de ametralladoras construidos durante la Guerra Civil. Encontraremos también amarillas gencianas y árboles dignos de admiración como el famoso Roblón de Bustiello, un roble

centenario. Los pájaros carpinteros, los arrendajos y los buitres nos acompañarán en esta propuesta, especialmente recomendable para realizar en primavera con el contraste de los picos nevados y el verde y en otoño por la explosión de sus colores.

Punto de partida: mirador de Les Bedules (San Xuan/San Juan de Beleño). **Punto de llegada:** Vega del Arcenorio. **Distancia:** 11,3 km (solo ida). **Desnivel positivo:** 457 m. **Dificultad:** Media. **Horario estimado:** 8 h 30 min (ida y vuelta).

Subida al Pico Pierzu (1552 m)

La ancha pista inicial de este recorrido, que rodea la cantera de Excueño, compensa con creces las vistas que nos ofrece la subida al Picu Pierzu, entre las mejores de toda la Montaña Asturiana. La subida es sinuosa pero el desnivel no es muy elevado, con lo que el precio a pagar por la cumbre compensa con

creces el esfuerzo. Por el camino también nos encontraremos con pintorescas cabañas de pastores, bosques de fresnos y hasta algún tejo solitario que le da aún más carácter al paisaje. Es importante escoger un día despejado para disfrutar de las espléndidas vistas de este recorrido.

Punto de partida: La Collada Llomena (San Xuan/San Juan de Beleño). **Distancia:** 5,1 km (solo ida). **Dificultad:** Baja. **Horario estimado:** 5 h (ida y vuelta).

Puedes encontrar los tracks de estas rutas, así como más información sobre Ponga en:

www.turismoasturias.es

Pete Whittaker

«No es cierto que la escalada en fisuras sea dolorosa»

Hablamos con la mitad de los Wide Boyz –la otra mitad es su habitual compañero de cordada Tom Randall–, la mayor institución internacional de la escalada en fisuras, que llevan años forjando la "Crack Climbing Community", llevándose una tras otra las fisuras más duras del mundo y compartiendo las maravillas de este arte.

AS fisuras del Peak District, cerca de su lugar de nacimiento (en 1991) fueron la entrada de Pete al mundo de la escalada limpia, del que ya no salió más. En su eterna búsqueda de "la fisura más dura todavía" han ido cayendo líneas como la primera de *Century Crack* (8c) en 2011, y repeticiones de emblemáticas fisuras como *Cobra Crack* (8c) en 2013, *Kaa'bah* (8c+) en 2015, o *Recovery drink* (8c+) en 2019. Su último añadido ha sido la primera de *Crown Royale* (en Jøssingfjord, Noruega), que se llevó en septiembre del año pasado, proponiendo para ella un grado de 9a.

¿Es *Crown Royale* la fisura más difícil que has hecho nunca?¿Sabes si alguien más la ha intentado?

Realmente no considero *Crown Royale* una fisura pura, han sido los medios de escalada los que la han llamado la fisura más difícil. Es una vía que tiene muchas fisuras, pero también tiene muchos movimientos de escalada en placa. Es una verdadera combinación de técnica de escalada en fisura y escalada en placa, necesitas ser fuerte y habilidoso en ambas para hacerlo bien; esta es la razón por la que creo que es bastante complicada. Si vienes de una base de escalada deportiva pura y no tienes experiencia en fisuras, entonces las partes de fi-

sura serán demasiado difíciles, y si vienes de la escalada en fisuras pura, sin experiencia en deportiva, los movimientos en placa te resultarán demasiado difíciles. Si tienes una mezcla de ambas habilidades (pero no necesariamente eres el más fuerte en ninguna), te irá mucho mejor. No creo que nadie más la haya intentado todavía, pero sé que hay gente interesada.

¿Sigues buscando la fisura más difícil del mundo?

Sí, por supuesto, siempre estoy buscando fisuras difíciles; conozco algunas que sería divertido intentar en algún momento en el futuro.

¿Qué pasó con el proyecto *Crucifix*? Una dura vía de Utah, que estuvisteis probando seriamente durante un tiempo...

No lo hemos vuelto a intentar desde hace unos años, nos desviamos con otros proyectos. Por supuesto que la vía todavía está allí. Si hay alguien interesado en escalarla, encantados de pasarle la información.

¿Podrías decirnos cuáles son, en tu opinión, las diez vías indispensables que cualquier persona necesita hacer para ingresar en la "nueva dimensión" de la escalada en fisura?

Es una pregunta difícil. Te diré seis, ordenadas por el tamaño de las fisuras:
1. Para entrenar: el sótano de Tom.
2. Cerrojo de dedos: *Cobra Crack* (en Squamish, Canadá), la fisura de dedos más icónica del mundo.
3. Dedos/ringlock/paddle*: *Stranger than fiction* (en Batlett Wash, Utah, EEUU),

MARIA AUGUSTA

En *Crown Royale*, vía de 100 m en Profile Wall (Noruega) de la que Pete hizo la primera (con una cuerda de 80 m y los últimos 20 m en solo integral) en octubre de 2023 y para la que propuso 9a de autoprotección, aunque, según aclara en esta entrevista, «no es una fisura pura». Izquierda, en *The Kraken*, un techo fisurado de Hartland Quay (Inglaterra) con primera de Tom Randall en 2015, de la que Pete hizo la tercera en junio de 2022, confirmando el 8B.

Derecha, en la *Frank Zappa Appreciation Society* (8b), con primera de Rob Pizem en 2012, una de las fisuras más duras de Escalante Canyon (Colorado), que Pete repitió en 2022. Abajo, doble empotramiento de puño en el offwidth de bloque *Melvin Bragg* (7B), en Peak District; y en pleno disfrute durante la primera de *Green Room* (8A), en Noruega, en 2021.

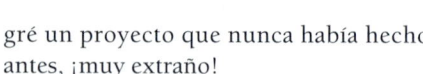

una dura pieza del desierto. [*Ringlock* es un tipo de empotramiento de dedos, con el pulgar y el dedo índice formando un anillo (*ring*), y *paddle* es otro tipo de empotramiento de manos, especialmente para techos o desplomes, con la mano un poco curvada formando una especie de pala (*paddle*)].

4. Paddle: *Necronomicon* (en Canyonlands, Utah), con el paso clave estrecho en un techo fisurado en el desierto.

5. Mano/puño: *Millenium Arch* (en Canyonlands, Utah), la fisura de techo más larga del mundo (100 m).

6. Offwidth: *Century Crack* (en Canyonlands, Utah), donde el viaje en offwidth se impone.

¿Cuáles han sido tus pensamientos más profundos mientras empotrabas?

Cuando estás empotrando, evidentemente, siempre estás pensando en los próximos movimientos, la próxima secuencia, la calidad del empotre... No tengo pensamientos profundos sobre otras cosas, jaja.

¿Algún consejo para quien quiera fabricarse su rocódromo para entrenar fisuras en casa?

Simplemente empieza. Muchas personas quieren que sea perfecto y tener esta instalación de entrenamiento fantástica, pero el mayor problema que veo es que pasan demasiado tiempo construyendo algo genial y luego apenas lo usan. Es mejor montar algo y seguir escalando. Las personas más fuertes no necesariamente provienen de los mejores rocódromos, sino que suelen ser quienes trabajan más duro en la roca/fisuras. También intenta que las fisuras sean cómodas, no hay nada peor que una sesión de entrenamiento dolorosa. Las presas de escalada y los *fingerboards* en los gimnasios están diseñados ergonómicamente para ser lo más amables posible con el escalador. Haz lo mismo con tus fisuras caseras.

Aproximadamente, de media, ¿cuántos días al mes dedicas al entrenamiento y cuántos a la escalada en roca?

Depende de la época del año. Si estoy entrenando para un proyecto, podría hacer algo de 5 a 6 días a la semana. En la temporada baja (generalmente alrededor de Navidad), podría ser tan solo 2 veces por semana. Actualmente estoy en una fase de mantenimiento, que es alrededor de 4 veces por semana. Si estoy entrenando en casa, entonces principalmente entreno y no escalo en roca mucho. En los viajes de escalada, por supuesto, todo cambia, escalo en roca todo lo que puedo; solo si el clima es terrible durante un período prolongado, tal vez busco un rocódromo o hago ejercicios en el fingerboard. He hecho mucho entrenamiento en escalada en fisura en el pasado, pero en estos momentos apenas hago nada. Fui al sótano de Tom por primera vez el otro día desde hacía más de un año. No había entrenado allí durante un año y aún así logré un proyecto que nunca había hecho antes, ¡muy extraño!

¿Cuál crees que es el rasgo más destacado que comparten los miembros de la "comunidad de escalada en fisuras"?

Son unos entusiastas de la escalada en fisura y quieren compartir cualquier conocimiento que tengan con los demás. Esa es nuestra filosofía.

¿Algún consejo para mejorar la técnica en escalada en fisura?

Cuando la gente empieza a escalar en fisura, está tan enfocada en la técnica que realmente olvida lo básico. Cosas simples como no introducir la mano en la fisura hasta la muñeca al empotrarla, o colocar la forma del empotramiento antes de meterla

en la fisura en vez de una vez dentro. Estos son dos errores muy comunes que veo en principiantes.

¿Crees que actualmente hay un resurgimiento del interés en la escalada en fisura en el mundo? ¿Qué parte de responsabilidad crees que es de los Wide Boyz?

La gente siempre ha escalado en fisura, pero muchas personas no siempre han conocido la escalada en fisura. En Wide Boyz solo hemos estado tratando de difundir que esta es una forma de escalada fantástica (y útil). Siento que a lo largo de los años se han atribuido muchas connotaciones negativas a la escalada en fisura que no son ciertas. La que más escucho es que la escalada en fisura es dolorosa; nosotros intentamos mostrar que esto no es cierto. La escalada

en fisura en general no debería ser dolorosa si se hace correctamente. Si llega a un punto de dolor debido a la acumulación de ácido láctico, no es tan doloroso como otras cosas en la vida, por lo que en realidad es bastante insignificante en comparación. Todo el mundo puede lidiar con el dolor del ácido láctico, en realidad no es tan malo.

¿Qué piensas de la escalada en fisura en España?

Solo he hecho algunas escaladas en fisura en España, un par en La Pedriza, y una ruta llamada *La fuerza de gravedad* [un 8b en Vadiello, Huesca, que escaló al flash]. Esta última fue una verdadera joya; una gran fisura de caliza.

Eva MARTOS

Las cinco reglas de la escalada en fisura

1. Rellena el espacio del interior de la fisura de forma eficiente.
2. Utiliza tu cuerpo como un empotrador, y aprovecha las articulaciones como los mecanismos de expansión y giro que son.
3. Mantén todo alineado con la fisura.
4. Emplea la estructura de tu cuerpo, no la fuerza.
5. Cuanta más superficie de tu piel esté en contacto con la roca, más efectivo será el empotramiento.

Más información en el libro *Crack climbing, the Definitive Guide*, por Pete Whittaker (Ed. Vertebrate Publishing, 2020), en inglés, a la venta en www.libreriadesnivel.com
Y en la web **www.wideboyz.com**, donde encontraréis vídeos y todo tipo de productos relacionados con la escalada.

De fisura en fisura

En las siguientes páginas encontrarás una selección de fisuras
de la geografía española, realizada por locales de las distintas zonas.
Evidentemente no están todas las que son, haría falta un grueso tomo
para plasmar las muchas alternativas que ofrecen nuestras rocas.
El objetivo con esta muestra es incentivar el descubrimiento y la práctica
de este estilo de escalada, innegablemente el más limpio.

Marina Barrio en el L2 la *Vía de la fisura* (6b+),
Torre del Buitre Negro, con espectaculares
vistas de la Pedriza. Es una de las cien recomendadas
incluidas en el artículo del Sistema Central.

Faro de Budiño

Gran defensor y divulgador de la escalada limpia galega, José Juan Domínguez no ha tenido fácil seleccionar solo cinco fisuras de "su" zona, pues es una modalidad que abunda en estos domos de granito.

FOTOS: JOSÉ JUAN DOMÍNGUEZ

SOY un firme defensor de la escalada tradicional por considerarla la más genuina y firme heredera de los inicios de la escalada. Son las líneas naturales aquellas que cautivaron a nuestros precursores, presentando debilidades en la roca a la hora de afrontar el ascenso de cualquier pared natural. Desde mis inicios quedé cautivado por ellas al representar, a mi entender, las líneas más puras por las que poder escalar, dejando el menor rastro posible, presentando un desafío para mí el adquirir una técnica lo más eficiente posible para ascenderlas.

Defensor de dichas líneas en la escuela de mis inicios, Faro de Budiño, considero que solamente a través de su difusión conseguiremos preservarlas de otras modalidades más invasivas que, lejos del respeto, tratan de rebajar su compromiso con

el simple objetivo de alcanzar/facilitar el éxito. Debido a esto decidí hace diez años editar una guía enteramente dedicada a la autoprotección de la escuela que para mí supuso el inicio de mi pasión. Además de escalar fisuras practico distintas modalidades de escalada y trabajo como Técnico Deportivo de escalada en la difusión y conocimiento de todas ellas, y siempre desde el respeto. Creo que es importante que las nuevas generaciones tengan un conocimiento amplio del concepto "escalada" y no trasladar tan solo aquellas que más practicantes tengan o estén más de moda.

La razón de las cinco vías de fisuras seleccionadas en este artículo es que son las más representativas de la escuela. La mayoría ha marcado un punto de inflexión por su liberación a inicios

de los 70 y 80, en la época dorada del *Clean Climbing* en Faro de Budiño. A su vez, se encuentran enmarcadas en zonas con gran ambiente de pared y, salvando las distancias, con una estética al más puro estilo yosemítico.

La roca de Faro de Budiño es un granito con grandes cristales de feldespato. Ofrece gran abundancia de fisuras y empotres anchos, los cuales también presentan en su interior estas formaciones "picudas" (pitones), siendo imprescindible poseer buena técnica de progresión con el fin de minimizar los daños. De todos modos, una buena protección en las manos nos harán sentir más cómodos en nuestras primeras visitas.

● **Acceso:** desde Vigo u Ourense tomaremos la autovía del Atlántico

A-55 dirección Tuio y saldremos en la salida 18B. Dirigirse hacia Budiño por la PO-407. Llegamos a O Picouzo, nos dirigimos hacia Barrio Cortés y seguimos por una pista que en los últimos 700 metros está sin asfaltar, hasta aparcar en el Merendero del Faro de Budiño. GPS aparcamiento: 42°07'43.5"N 8°35'04.9"W. La aproximación a los distintos sectores no supera los diez minutos.

● **Las referencias para ampliar información se indican en un recuadro al final.**

Sector Abruzzos (orientación noroeste)
Adictos al Radón
(50 m, 7a)

● **1ª asc:** Abierta por Nacho Pachón 'Patxi' y José Juan Domínguez; primera en libre por J.J. Domínguez en 2014.

Impresionante línea "yosemítica" de autoprotección, con un recorrido elegante y continuo a través de una gran laja siempre ascendente de 50 m. Su largo recorrido la convierte en algo completamente inusual y ciertamente espectacular, situándose sin duda entre las mejores líneas de fisura de Galicia.

Comienza por una fisura de manos/bavaresa hacia gran laja invertida de buen canto y manos/manos anchas. A continuación, sección de dedos algo intensa que verticaliza y fina bavaresa de dedos/yemas de cierta continuidad. En su última sección, encarar la gran curva (últimos 15 m) en bavaresa continua de buen canto hacia diedro tumbado de dificultad decreciente, para alcanzar finalmente la repisa inclinada donde rematan las dificultades bajo un pequeño resalte fisurado.

Itinerario desequipado a excepción de los últimos 12 m (tramo común con la vía *Moquegua*).
• **Material:** Microfriends y friends del 0 al 4.
• **Más info:** refs. 1 y 4.

Sector El Casco (sur)
Ana *(12 m, 6a)*
• **1ª asc:** Abierta por Gregorio y Marcuño en 1972; 1ª en libre por Marcuño en 1973.

Bavaresa atlética, fisuras paralelas de palmas y travesía horizontal de manos/manos anchas. Dificultad concentrada.
• **Material:** friends del 1 al 4.
• **Otras fisuras recomendables:** la *Quicos* (L1+L2 6b/+) y la *Milana Bonita* (V+/6a). Además, los apasionados de lo ancho disponéis de una intimidante chimenea con carácter expo pero con un trazado peculiar y única en la escuela:

Asalto a la Patilla (17 m, 6c), abierta y con primera de J.J Domínguez en 2015.

Al finalizar *Ana* podemos (es posible probarla en top o bien descolgarse) realizar otra auténtica joya: *Paco Martínez* (8 m, 6a+/b).
• **Más info:** refs. 1, 2 y 3.

Sector La Carra (oeste-suroeste)
Carra non bolts
(30 m, 6b/+)
• **1ª asc:** La línea original fue abierta (en artificial) por A. Fariñas, Agustín Goñi y J. B. Álvarez en 1967; 1ª en libre por Joaquín Carril 1981 y primera ascensión sin usar los parabolts en 2014.

Lajas discontinuas y travesía hacia gran ceja. Resalte de grandes pitones y fisura semiciega ancheando a yemas y dedos en su mitad superior, con buenos cerrojos. Delicada en

Arriba, Luisa Méndez en *Adictos al Radón* (7a); a la izquierda, la línea de esta fisura, y panorámica de los sectores, de izquierda a derecha: **Abruzzos, Calavera, Alfanje, Huerto, Carra y el Casco.** Izda, arriba, Lalo Pereira en *Ana* (6a), asegurado por Dani desde la reunión de la *Paco Martínez*.

cuanto a protección una vez superado el resalte, con emplazamiento de pequeñas piezas (expo).

Existe la opción de entrar por la izquierda usando los 4 bolts de la entrada original y reduciendo el compromiso: *Carrapucheiriña* (L1 6b/+).
• **Material:** 1 juego de microfisureros, un juego de fisureros y friends del 0,4 al 1 (Alien)
• **Otras fisuras recomendables:** *Elena de Pablos* (6b), *Crucigrama*

Arriba, Luis Arocas en el L2 de *Alfanje* (V+); a la derecha, Antonio Rodríguez en *La Carra non bolts* (6b/+), y abajo, Daniel Roselló metiendo un friend en la *Variante Tonio* (6a+). En la página derecha, Luis Crespo en *Sal si puedes* (6c), y abajo, Alberto García Bahillo en *Síndrome de Catrasca* (7a+), en el sector Roble; dos buenas fisuras de Recuevas (Palencia).

(6a/+), *Paxariños* (6a+/b), *Kuki* (L1+L2 6a+) y *Pinos Vte. Direct* (6a/+).
• **Más info:** refs. 2 y 4.

Sector La Alfanje (oeste)
Alfanje
(L1 25 m 6a, L2 22 m Vº+)
• **1ª asc:** Abierta por A. Fariñas y Juan B. Álvarez (1970); 1ª en libre por Antonio Fariñas (1972).
El L1 es placa y está equipada (llevar 9 exprés). El L2 es una gran laja en bavaresa (o empotre) de ancho variable con tendencia a la vertical en su sección central. Últimos 6 metros casi andando por interior de laja hacia una repisa, fácil y seguro pero sin protección.
• **Material:** actualmente la fisura está equipada, si queremos realizarla en autoprotección, hemos de llevar friends del 0,75 al 4.
• **Otras fisuras recomendables:** al finalizar es posible probar en top o bien descolgarse con el fin de realizar otra auténtica joya: *Diedro Marcuño* (L1 V, L2 12 m, 6b+). Otra recomendable del sector es la *Celtas 2* (6b).
• **Más info:** refs. 1, 2 y 3.

Sector La Calavera (orientación sur)
Variante Tonio
(16 m, 6a+)
• **1ª asc:** abierta y 1ª por A. Fariñas, A. Dourado y R. Davila (1971).
Empotre-diedro de ancho un tanto irregular que tiende a la vertical. Inicio en X y offwidth mantenido de manos/manos anchas en su interior. Escalada técnica.
Acceder previamente escalando el L1 y L2 de *La Calavera* (Vº) hasta la base del primer risco. Desde aquí existe la posibilidad de realizar primero el fantástico L3 de *La Calavera* (24 m, 6a) y acceder así al descuelgue con posibilidad de

probar la *Variante Tonio* primero en tope rope.
• **Material:** friends del 1 al 5.
• **Otras fisuras recomendables:** *Techo del 1º Risco* (6c), *Oeste* (L2 7b+/c), *Pachochiña* (6b), *Zipi-Zape* (6b+) y especialmente la *Abruzzos* (7a+), una de las joyas de la escuela (hay posibilidad de probarla en top desde la reunión final de *La Calavera* L3, descolgándose por la vertiente opuesta).
• **Restricciones:** no escalar por nidificación de marzo hasta junio.
• **Más info:** refs. 1, 2 y 3.

José Juan DOMÍNGUEZ

➕ **INFORMACIÓN**

1. *Rocha Nai, guía de escalada en Galicia*, por A. Louro y G. Vázquez. Ed. Campo IV Alpinismo, 2020.

2. *Guía Escalada tradicional en Faro de Budiño.* Por José J. Domínguez López, 2014.

3. *Guía Galicia Vertical,* por Miguel Seoane y Javier Carreras, 1997 (agotada).

4. Blog *http://noroestetrad. blogspot.com*

• Artículo Faro de Budiño en revista *Desnivel nº 333* (marzo 2014).

FOTOS: JOSÉ JUAN DOMÍNGUEZ

Recuevas

Las fisuras que econtramos en el cañón de Recuevas –cuna de la escalada palentina– están en su mayoría equipadas con chapas, integradas en el estilo de esta zona deportiva, si bien permiten practicar los empotramientos y la autoprotección, prestando atención a su caliza no demasiado adherente.

TAL y como nos cuenta Alberto García Bahíllo, uno de los principales desarrolladores de la escalada en Palencia, las fisuras que presenta Recuevas son "un poco resbaladizas y difíciles de empotrar en la mayoría de los casos", motivo por el que se encuentran equipadas, además del de guardar sintonía con esta zona de escalada deportiva. Al principio las líneas más evidentes se empezaron a abrir desde abajo en artificial, si bien posteriormente se liberaron y se fueron equipando para disfrute de todos. Lo que encontramos son sobre todo diedros partidos por una fisura, así como fisuras para escalar en bavaresa o tramos de fisura no continua. En la zona también hay alguna fisura limpia que se ha escalado en autoprotección, llegando hasta el 7b+/7c.

• **Acceso:** Desde Aguilar de Campoo, tomar la PP-6201 dirección Gama hasta, recorridos unos 6 km, nos encontraremos con el aparcamiento "Valle de Recuevas" (GPS: 42°44'52.0"N 4°12'30.0"W). Desde aquí en una senda que nos atraviesa un bosque llegaremos en un cómodo paseo de unos 15 minutos a la entrada del cañón.

Esta es la recomendación de fisuras, realizada por el escalador local Germán de la Puente:

Sector Fuente
¡Ah! Habé escogido la muete *(6c+)*
Es una fisura irregular entre manos y dedos con paso "apretón" en la entrada y regalo al final.
• **Material:** vía equipada.

Sector Gran Techo
Yosemítica *(6b)*
Fisura como su nombre indica de estilo "yosemítico", de empotra-

COL. LUIS CRESPO

mientos de dedos, corta pero peleona.
• **Material:** vía equipada.

Sector Polillas
La Chimenea *(V+)*
Es una gran losa adosada que se escala en chimenea ¡la mejor de la escuela en este estilo!
• **Material:** vía equipada.

Sector Roble
Nº 18 *(7a+)*
En en este sector hay una vía de fisura que no tiene nombre (corresponde al nº 18 en la guía de Palencia). Está limpia.
• **Material:** se puede hacer con un juego de friends hasta el nº 4, repitiendo números pequeños.

Sector Lajas
Sal si puedes *(6c)*
Fisura limpia (solo descuelgue), la mejor de Recuevas. Fisura de manos y puños que arriba permite escalar en bavaresa.
• **Material:** Llevar friends del 0,74 al 3, con números repetidos.
• **Otras fisuras recomendables:** En este sector hay otra fisura limpia

muy buena, de las más difíciles en este estilo (grado 7b+) y muy variada, que exige pasos de bavaresa, diedro, empotramienntos de manos y de dedos. No tiene nombre, en la guía de Palencia corresponde al *nº 22*. Para escalarla necesitaremos un juego de friends hasta el nº 2, repitiendo los pequeños, y algún empotrador. Además, a la derecha de esta, *entre las vías nº 22 y la nº 23* (sin reseñar en la guía), encontraremos otra muy buena fisura, al principio más de manos y al final de dedos. Está limpia, solo cuenta con descuelgue, con un grado de 7a+ y se puede escalar con un juego de friends hasta el nº 3 y pequeños repetidos.

Redacción Desnivel

➕ **INFORMACIÓN**

• *Guía escalar en Palencia,* por David Villegas. Edita Diputación de Palencia, 2018.

Descarga gratuita en: *www.diputaciondepalencia.es*

ALBERTO GARCÍA-BAHILLO

Picos de Europa

El corazón del Macizo Central de Picos de Europa tiene grandes rutas con una caliza compacta y por lo general adherente. Aunque abunda la escalada sobre muros verticales y los canalizos, valgan estas cinco vías como muestra de la buena oferta que también brinda a los amantes de las fisuras.

FERNANDO ZAMORA

Sí, además de empotrar, te gusta escalar en zonas muy poco frecuentadas, con paisajes de ensueño y ambiente alpino, los Picos de Europa sin duda son un destino a tener muy en cuenta. A cambio, como es habitual, las aproximaciones suelen ser largas y los descensos no siempre evidentes, como corresponde a una zona de alta montaña. La mejor época para escalar aquí en roca es el verano, si bien se puede alargar la temporada desde la primavera hasta el otoño, en función de la climatología.

Torre de Salinas
El Bujío *(130 m, 7a [6b obl])*
• **1ª asc:** Ángel Bengoechea, Gema Lanza y Javier Sáez en julio 1994.

Es en realidad una variante directa de la clásica y más concurrida *Casiopea* (a su izquierda), que recorre la evidente fisura que sale de la primera reunión de esta. El largo de fisura (L2, 7a) es una de las mejores fisuras de empotramiento de puños de Picos. Roca excelente y ambiente asegurado. Orientación Noreste.
• **Material:** 2 Juegos del 0,75 al 4 de Camalot, juego de Aliens y fisureros.

La Torre de Salinas (2447 m) es muy interesante para el escalador que busque recorridos alpinos: muchos diedros, fisuras y chimeneas en un ambiente de verticalidad típica de la cara norte de Picos. Su *Canal del Norte* (280 m, 6b,A1) es otra buena ruta en la que disfrutar de este estilo de escalada.

Torre de Olavarría
Rebaño de Dios
(160 m, 6a+ [V+ obl])
• **1ª asc:** A. Bengoechea, M. Rodríguez, Eduardo R. de Deus y J. Sáez en el verano de 2000.

Evidente vía que recorre magníficos diedros, de una dificultad moderada que se dejan asegurar bien con friends. Especialmente el L3 (6a+) es bastante exigente en su grado.
• **Material:** Juego de friends hasta el 4#, con tallas medias/pequeñas repetidas, semáforo de Aliens y juego de fisureros.

La Torre de Olavarría (2406 m) es una cumbre secundaria de la Torre de Liordes (2477 m) que presenta en general buena roca, especialmente su escarpada cara SE, donde se ubica esta vía.

FÉLIX RAMOS

Contiene también otros largos de fisura recomendables en vías como *Caballero de Primero* (100 m, 6b+), a la derecha de la anterior, o *Estado Policial* (180 m, 6b+, A1+), en el lado izquierdo.

Aguja de Bustamante
Dopamina
(210 m, 6c+ [6a obl])
• **1ª asc:** Eloy Barón, Ángel Bengoechea y Javier Sáenz en julio de 1992.

La vía consta de dos fisuras que son todo un lujo para la caliza de Picos, si bien el resto de largos presentan la roca algo rota.
• **Material:** juego de friends hasta el nº 3 de Camalot (repetir Alien amarillo y Camalot 0.75 y 1) y fisureros.

La estética y afilada Aguja de Bustamante (2504 m) está surcada por multitud de diedros y fisuras de buena roca en general y de muy variada dificultad. Se levanta sobre un gran

FÉLIX RAMOS

A la derecha, Félix Ramos en el L4 de *Rebaño de Dios*. Abajo, Alvaro Ramos en el L2 de *Ecce Homo* de la Peña Olvidada. A la izquierda, arriba, en la fisura de *Dopamina* (Aguja de Bustamante); debajo, la Torre de Olavarría (con el marcado diedro de *Rebaño...* en su centro), y a la izquierda, Jorge Manrique en el largo clave de *El Bujío*, en la Torre de Salinas.

hombro que da mayor longitud a las vías de esta vertiente suroeste. Ponerse de pie sobre su cumbre es un buen ejercicio de equilibrio.

En esta misma vertiente destaca también la corta y exigente vía **Bolchevique** (25 m, 7b), una gran fisura limpia de empotrar dedos y puños. Además, a su izquierda, encontramos de los mismos aperturistas la **Mil Rayas** (90 m, 6b+), con un segundo largo especialmente recomendable.

Torre de Labrouche
Tres no más
(170 m, 7a+ [6a obl])
• **1ª asc:** A. Bengoechea, G. Lanza y J. Sáenz, julio de 1998.

Vía con un recorrido lógico y mantenido que surca diedros y fisuras. El L2 (7a+) es bastante duro para encadenar en libre y el último (L5, 6a+) es el diedro de increíble color rojo que se ve desde la cumbre del

FOTO: COL. FÉLIX RAMOS

FERNANDO ZAMORA

Cerredo. Sus aperturistas cuentan que «tuvimos que ir hasta tres veces por no disponer de los friends del tamaño apropiado ni los números repetidos, sabiendo que sin ellos era

✚ INFORMACIÓN

• En la guía *Escalada en roca en los Picos de Europa*, por Ángel Bengoechea y Miguel Rodríguez (Autoedición, 2009) encontraremos toda la información relativa a ascensos, descensos, horarios, croquis, etc.

Y en los siguientes blogs:
• *lagarafa.blogspot.com* info detallada de las vías *Rebaño de Dios* y *Bujío*.
• Y en *fernandozamoraguia depicos.com* info de la vía *Dopamina* y de *Ecce Homo*.

necesario recurrir a la chapa que no queríamos poner».
• **Material:** Juego de friends hasta el nº 5, repetidos 4 y 5, y juego de fisureros.

Ubicada en la cara NO de la Torre de Labrouche (2510 m), una compacta pared que se encuentra escondida por encima del jou Negro y solo es visible cuando se escala la cara norte del Cerredo, o desde su cumbre, desde donde se divisa la parte superior. A la izquierda se encuentra la vía **Viejo Man** (150 m, 6b), también recomendable, con una parte inicial de laja que satisfará a los buscadores de offwidth.

Peña Olvidada
Ecce Homo
(170 m, 6b [6a obl])
• **1ª asc:** J. Sáenz, M. Rodríguez y José A. Estévez el 23/5/2004

Elegante línea de escalada con gran variedad de pasos muy buenos

de bavaresa, diedro y muro final. Según cuentan, el nombre de *Ecce Homo* se debe al estado en que Miguel Rodríguez dejó sus manos tras limpiar la fisura.
• **Material:** fisureros y juego completo de friends hasta el nº 4 de Camalot, repetidos nº 1 y 2.

Ubicada en la cara sur de Peña Olvidada (2406 m), que es en realidad el contrafuerte sur de la Peña Vieja; ambas se encuentran unidas por una larga crestería. Al estar cerca del teleférico de Fuente Dé, es bastante repetida. Se puede combinar en una misma jornada con otras vías de las Agujas de Tajahierro en las que se enmarca, como *La ciudad del pecado* (6b+), de solo un largo, o la más larga *Terapia de grupo* (300 m, V+), en la cara SO.

Redacción Desnivel
(con información de Javier Sáez, Víctor Martínez, Félix Ramos y Fernando Zamora)

El Dorado, Mallallombo y Picón de la Rueca

El escalador zamorano Félix Ramos, con unos 20 años de experiencia en distintas actividades de montaña, nos presenta aquí tres zonas de la provincia, con una fisura selecta de cada una y pistas para seguir explorando.

COL. FÉLIX RAMOS

EN Zamora predomina el granito y el gneiss, que da mucho juego en esta modalidad de escalada de fisuras. El Dorado y Mallallombo son nuestro patio de recreo en la escalada clásica por cercanía, además, fueron descubiertas y equipadas por buenos amigos y compañeros, con los que he podido hacer primeras ascensiones de varias de las vías y compartir muy buenos momentos. En el Picón de la Rueca he participado activamente en su rehabilitación, limpiando accesos y vías, y reequipando los viejos seguros, junto con compañeros de los clubes de montaña de la provincia de Zamora (CDMB, CIMAS y AMZ). Incluso tuve la oportunidad de abrir la última vía de esta zona (Felimón) junto con Ramon Cifuentes. Esta es una muestra de las posibilidades de la provincia.

EL DORADO
Muelas del Pan

El Dorado es una zona escalada de autoprotección sobre granito abrasivo, con vías de hasta 100 metros (de 1 a 4 largos). Se encuentra en la localidad zamorana de Muelas del Pan, en el paraje conocido como El Martel, a orillas del río Esla.

Fue equipado y limpiado por miembros del grupo de montaña Cimas (Jesús Barba, Jorge Rodríguez, Juan Calvo, Santiago Alonso y Ana Temprano), desde el año 2015 hasta la actualidad. Hay placas, fisuras, diedros y algunos desplomes. Están equipadas las placas y algún paso más expuesto en las fisuras con parabolt de 10 mm. Todas las reuniones están equipadas con parabolts con anillas.

Maya *(100 m, 6b+)*

● **1ª asc:** Limpiada, equipada y con primera ascensión de Santiago Alonso en 2015.

Es una de las mejores vías de la zona. Consta de cuatro largos, dos de ellos limpios y en los otros dos hay algún parabolt cubriendo los pasos de difícil protección, en la tónica del resto de la zona. Las reuniones todas equipadas con parabolts.

En todos los largos hay pasos de fisura, destacando el L1: una placa fisurada que se protege con fisureros y Aliens, y el L2 con un tramo de una muy buena fisura de puños.

● **Material:** doble cuerda de 60 m o cuerda simple de 70 m, 12 cintas (varias largas), juego de friends hasta el nº 3 (si llevamos el 4 lo utilizaremos), semáforo de Aliens y juego de fisureros.

● **Restricciones:** Existe un informe (con fecha de 10/05/2017, del Servicio Territorial de Medioambiente de Zamora), relativo a la regulación de actividades de escalada en varios términos municipales de Zamora, en el ámbito de la Red Natura 2000, en

FOTOS: JORGE RODRÍGUEZ

Izquierda, José Juan Domínguez en *Maya* (6b+), en El Dorado, y debajo panorámica de este sector. Arriba las paredes de Mallallombo; y a la derecha, Félix Ramos en esta zona, escalando la vía *Al cosmos se la trae al pairo* (6b).

el que se prohíbe la escalada desde el 1 de febrero al 15 de agosto. Estas restricciones serán revisadas anualmente y, en función de las condiciones, se pueden levantar las restricciones anticipadamente.

● **Otras vías de fisura recomendables:** *Todows Miedows* (90 m, 6b+), *Valentina* (90 m, 6b+) y el tercer largo de *La senda del Alien* (25 m, 6c).

MALLALLOMBO
San Martín de Castañeda

Esta zona, que presenta un gneiss característico en la comarca, de buena adherencia, se encuentra en la localidad zamorana de San Martín de Castañeda, en el paraje conocido como Mallallombo. Está en la parte alta del Cañón de Tera, perteneciente al Parque Natural del Lago de Sanabria. Fue descubierto, limpiado y equipado por Jorge Rodríguez del grupo de montaña Cimas, con la colaboración de Félix Ramos y el Club Montañero Benaventano, que aportó gran parte de material instalado.

Presenta fisuras, diedros, placas verticales y algunos techos. Están equipadas las placas y algún paso más expuesto en las fisuras con parabolt de 10 mm inox. Todas las reuniones están equipadas con

MIGUEL FERRERAAS

parabolts con anillas. Predominan las fisuras de autoprotección, pero también hay alguna vía de placa vertical completamente equipada. Las rutas son muy verticales, de un largo de hasta 40 metros, aunque varias de ellas se pueden fraccionar en 2 largos.

Corriente ascendente
(40 m, 6b+/c)

• **1ª asc:** Limpiada y equipada por Jorge Rodríguez, el primer ascenso en libre por parte de Jorge Rodríguez y Félix Ramos en 2022.

Es una auténtica joya de 40 metros de autoprotección. Vía vertical y mantenida que se come todo el material que llevemos. No tiene pasos especialmente difíciles, lo único la continuidad y la buena gestión de los seguros, que incrementa la dificultad.

• **Material:** doble cuerda de 60 m o cuerda simple de 80 m, 16 cintas, juego de friends hasta el nº 4 (repetir tallas intermedias pequeñas), semáforo de Aliens, juego de fisureros.

• **Restricciones:** el acondicionamiento de esta zona cuenta con el correspondiente permiso del Servicio Territorial de Medioambiente de la Junta de Castilla y León. Por ser una zona sensible, existen regulaciones para la práctica de la escalada todos los años entre el 1 de marzo y el 30 de junio, pudiendo ser levantadas las restricciones previamente, en función de la situación de cada año.

• **Otras vías de fisura recomendables:** *Al cosmos se la trae al pairo* (40 m, 6b), *Ollo de Sapo* (40 m, 6b+).

PICÓN DE LA RUECA
Fariza de Sayago

El Picón es una lámina de roca que emerge del rio Duero en la localidad de Fariza, en el entorno de la Ermita de Nuestra Señora del Castillo. Es una aguja muy llamativa, y de paredes muy verticales incluso desplomadas. La roca es un gneiss carac-terístico del Parque Natural de los Arribes del Duero (donde se enmarca esta zona), entre granito y cuarcita, de una calidad aceptable, en el que se ha realizado un trabajo de limpieza para quitarle el liquen que tapa muchas de sus presas y fisuras. Si se escala y se mantienen las labores de limpieza, volverá a ser un lugar de referencia de la escalada clásica en la provincia de Zamora.

Tiene vías en todas sus vertientes y actualmente cuenta con 7 vías de autoprotección, 1 vía de artificial y 2 vías deportivas. La altura máxima del Picón son 70 metros desde el agua a su cima, pero algunas vías tienen más metros de recorrido, llegando hasta los 90 aproximadamente. El poco equipamiento que tienen es variado: espits, parabolts, clavos y viejos clavos artesanos, de las primeras aperturas.

Se puede decir que es una de las zonas pioneras de la escalada zamo-rana, ya que su primera ascensión tuvo lugar en el año 1968, por la ahora conocida como Vía del rápel, en artificial, evitando la parte mas dura en una travesía a la izquierda, para salir por la actual vía Gary. Tras varios intentos de los escaladores

Izquierda, en Mallallombo, Jorge Rodriguez en *Ollo de Sapo* (6b+). Y abajo, la formación de Picón de la Rueca.
Derecha, Ramón Cifuentes en *Felimón* (6c+) una de las vías de aventura de esta aguja.

Carlos Gutierrez, Amador Madrid "Mandi", Manuel "Cherif", Maximino García, Goyito y Luis Vicente.

Felimón (80 m. 6c+)

• **1ª asc:** Abierta en artificial por Ramón Cifuentes y Félix Ramos en Octubre del 2020. Escalada en libre por la misma cordada en el 2022. Escalada de aventura en una vía de autoprotección con algún viejo clavo en los largos y reuniones con parabolts (salvo la R3). Bastante limpia, aunque en los primeros metros todavía nos encontraremos algo de liquen y tierra en las repisas. Consta de cuatro largos (V, 6b+, 6c+, 6a) en los que destacan el L2 y el L3, unos largos de fisura de empotramientos de puños y una exigente y fina fisura diagonal.

• **Material:** doble cuerda o simple de 60 m, 10 cintas, juego de friends hasta el 4#, semáforo de Aliens, juego de fisureros.

• **Restricciones:** misma situación que el Dorado. Prohibida la escalada del 1 de febrero al 15 de agosto (restricciones revisadas anualmente).

• **Otras fisuras recomendables:** *La Revuelta* (80 m, 6a+), *Vía del río* (80 m, 6b+).

Félix RAMOS ESCUDERO

✚ INFORMACIÓN

A forma de diario de montaña y con el objetivo de proporcionar información a los escaladores que lo consultan, escribo un blog de montaña, *La Garafa* donde reseño las actividades que realizo. Con planos de aproximación y descenso, fotos, croquis, reseñas y comentarios, tanto de estas zonas como de otras:

https://lagarafa.blogspot.com

FOTOS: COL. FÉLIX RAMOS

Bachicabo

Peculiar zona de fisuras de caliza que nos presenta su descubridor, Philippe Joantéguy, francés afincado en Vitoria y escalador desde hace más de 30 años, quien ha equipado la mayoría de las vías junto al también incansable Jos Bolumburu. Un callejón sombrío en el que empotrar sin temor a los calores veraniegos.

SIEMPRE que iba a escalar en Valdegovia miraba las paredes de Bachicabo y un día, en 2012, decidí subir buscando un sendero hasta las paredes. Flipé en colores cuando vi el potencial para equipar de este lugar tan bonito y salvaje. Enseguida me llamó la atención el callejón, por sus numerosas fisuras, y llamé a mi amigo Jos Bolumburu para empezar a equiparlo. Fue un descubrimiento fantástico y un proceso muy divertido para nosotros, aunque también bastante trabajo, incluyendo abrir los caminos con la vegetación tan densa. Pasamos unos cuatro años casi sin salir del callejón, y después hemos equipado también vías deportivas por las placas de alrededor. La mayor parte de las vías la hemos equipado

Jos y yo, pero también han aportado otros equipadores como Juan Manuel Hernández "Kroma", Juanjo Bello, Iñigo Ruiz, Aitor Isturiz, Javier de la Fuente y otros. Ahora tenemos una escuela completa con fisuras, diedros y placas de hasta 8b+.

Decidimos equipar las fisuras por la poca adherencia que presentan las grietas, que son de una caliza vieja, que con los años ha perdido la porosidad y está muy lisa, resultando difícil de escalar y no muy fiable para los friends. Aunque hemos cambiado un poco las "normas", la respuesta que hemos recibido por parte de muchos escaladores que vienen a escalar a Bachicabo (muchos de referencia como los hermanos Pou, Toni Arbonés...), ha sido muy positiva. Todos nos agradecen el trabajo

y repiten. Para mí escoger vías es complicado, porque hay muchas buenas, pero aquí os dejo una lista de algunas de las que considero más bonitas de escalar.

● **Acceso:** hay que llegar hasta el pueblo de Bachicabo y a la entrada, justo unos 20 metros antes de la fuente, sale un camino hacia la derecha que sube a unas casas. Y después otro sendero que

en unos 20 minutos de caminata lleva a las paredes. Aparcar al lado del depósito de agua o si no al lado del lavadero, para no molestar a la gente del pueblo.

● **Mejor época:** de mayo hasta final de septiembre. En verano entra el sol en el callejón de las 13 a las 14h. Cuando fuera hace calor, en el callejón hay unos 10ºC menos de temperatura.

● **Material:** 16 cintas exprés.

En el lado derecho

Fisura de Jon *(30 m, 7a)*
Equipador y primer ascensionista Philippe Joanteguy. Si haces toda la fisura recta es 7a, pero también puedes empezar por la vía de la izquierda (fisura de *Mayan*) y ya después volver a la de Jon (6b+ esta variante). En mi opinión es una de las fisuras más bonitas del callejón.

La deshuesadora
(30 m, 7b+)
Equipada por Íñigo Ruiz y primer ascensionista Juanjo Bello. Lo más duro es hasta la quinta chapa, bastante exigente. En la parte final tiene una variante hacia la derecha, "variante *Bolita*", equipada por Kroma, que sale un grado de 7b.

FOTOS: COL. PHILIPPE JOANTEGUY

A la izquerda, Eduardo Torre en la *Fisura de Jon*; debajo, Carine Rouillon en la *Cococrack*. Derecha, Yon Elizagoyhen en la *Fisura de Jos y Fli*, primera vía de la zona, nombrada por sus equipadores: Jos Bolumburu y Philippe 'Fli', que posan en la foto de abajo con Juan Manuel 'Kroma' también colaborador en los equipamientos. Al lado, las paredes de Bachicabo (se intuye el inicio del callejón a la izda.)

Otxomaio *(30 m, 7c)*

Equipada y con primera ascensión de Juanjo Bello. Es una fisura larga y dura, con pasos a bloque en la parte media y luego un reposo antes de llegar a un final muy físico que no permite relajarse. Sin duda la fisura más exigente de esta escuela, muy recomendable.

Fisura de Jos y Fli
(30 m, 7a)

Fue la primera fisura equipada en el callejón, en 2012, a cargo de los dos principales equipadores de la zona Jos y Philippe, y ambos la encadenamos el mismo día. Está en el lado derecho. Se caracteriza por su fisura ancha de gran belleza que se puede escalar empotrando (6b+) o en bavaresa (7a) hasta la placa final con pequeños agarres

En el lado izquierdo
Cococrak *(30 m, 6c)*

Es una fisura equipada y con primera ascensión a cargo de unos escaladores de Bilbao. Empieza en un diedro y después, hacia la mitad, se divide en dos fisuras que se pueden utilizar hasta el final con manos y pies, muy bonita de escalar.

Voilà *(30 m, 6b+)*

Equipada por Philippe Joanteguy con Ines y primeros ascensionistas Jos Bolumburu y Philippe el mismo día.

Es una fisura larga con un diedro en la parte media.

Zona de vías largas
Diedro Ilfazu *(50 m, 7a)*

Equipada por Philippe Joanteguy y primer ascensionista un escalador de Madrid. Se puede hacer en un único largo (necesitaremos 26 cintas

exprés), y para bajar tiene un punto intermedio para hacer un rápel. Está en las paredes de fuera del callejón, es un impresionante y espectacular diedro ligeramente desplomado, de estilo alpino. A la salida hay que ir a la izquierda por una placa (no continuar por el diedro hacia arriba). Vía cinco estrellas.

La fisura de Ian
(35 m, 6c+)

Equipada por Jos Bolumburu y con primera ascensión de Philippe Joantéguy. Esta pared recibe sol durante la mañana hasta las 14h, y después ya sombra. Es una fisura larga, tipo diedro, muy marcado. Exige una escalada muy técnica, de ir despacio.

Paso de Caradhras
(30 m, 7b+)

No puedo obviar esta fisura, equipada por Jos Bolumburu y por mí en otro sector más a la derecha del callejón (sector Apolo 11) y para muchos de nosotros es la más bonita de la escuela.

Philippe JOANTÉGUY

10 fisuras top

Santa Coloma de Farners, Montseny, Cingles de Bertí, Montserrat, Amitges, Bassiero, St. Maurici y Vall Ruda

La selección que nos presenta Gerber Cucurell en este artículo es ecléctica, incluyendo desde chimeneas del conglomerado montserratino a rectilíneas fisuras del granito pirenaico –en especial de las distintas paredes del P.N. de Sant Maurici y Aigüestortes–, la exigente roca metamórfica del Montseny o la arenisca de los Cingles de Bertí. Son recomendaciones que se salen de lo más conocido, invitando por tanto al descubrimiento.

APRENDÍ a escalar en fisuras de forma progresiva, en Pirineos y en Alpes. Es un tipo de escalada que siempre me ha encantado, ya que permite una autoprotección sencilla y segura. Aunque nunca me he motivado a probar vías extremas (no suelo hacer más de dos intentos a una vía), he podido repetir algunas fisuras de hasta 7c a vista, como *Pure Finger* (en Annot) o *Tutankamon* (en la Pedriza).

También he escalado vías emblemáticas como *Ma Dalton* (7b+, en l'Aiguille du Midi), la *Directa Americana* de los Drus, *Tiempos de Cambio* (7a+, en Galayos), *London Wall* (7a+, en Peak District) o *Pretty Girls Make Graves* (7b, en Gales).

Hay que reconocer que, aunque en Cataluña hay mucha roca, las fisuras de calidad son menos frecuentes y la mayoría están lejos del coche, en zonas de alta montaña donde solo se puede escalar en verano. Es por esto que he considerado interesante mostrar también otras opciones representativas en todo el territorio, abarcando una amplia gama de tipos de roca y formas variadas, desde fisuras de dedos hasta grietas anchas tipo offwidth. También he procurado incluir rutas de diferentes dificultades, desde 6a hasta 8a y obviar las superclásicas que ya

GERBER CUCURELL

GERBER CUCURELL

Arriba, la línea de *Akira* (8a), en el Rocar de Santa Coloma de Farners; y a la derecha, en esta misma zona, Gerber Cucurell empotrando en l'*Encastament* (6c), en el Roc dels Deu Cèntims. En grande, Elio Esteller escalando la *Fissura Amagada* (6c), en el Montseny.

ALEIX VILARDEBO

conoce todo el mundo y que quizá sería demasiado repetitivo volver a mostrar en este espacio. Espero que disfrutes de esta selección y que este artículo te ayude a descubrir nuevas posibilidades.

• **Advertencia:** el material indicado para cada vía es puramente orientativo; dependiendo del nivel y experiencia de cada uno será necesario llevar más o menos material.

EL ROCAR de Santa Coloma de Farners
L'Encastament (10 m, 6c)

• **1ª asc:** A. Font y G. Cucurell, 2010.
Corta pero contundente fisura que se va ensanchando. Empotramiento de manos, luego puños y finalmente medio cuerpo. La roca es un granito muy abrasivo, por lo que son imprescindible los guantes.

• **Material:** La vía está limpia. Llevar friends del #1 al #5.
• **Época:** casi todo el año, evitando los días más calurosos.
• **Acceso:** desde Santa Coloma de Farners seguir una pista dirección "el Castell de Farners", hasta el Roc dels Deu Cèntims (cartel indicativo, kilómetro 3,6). Aparcar donde se pueda y subir un corto sendero hasta llegar a una aguja entre árboles (1 min). La vía está en su cara N.
• **Otras fisuras en la zona:** justo a la izquierda hay otra fisura más fácil, pero con una entrada de bloque por la placa (6b/c).

Akira (12 m, 8a)

• **1ª asc:** abierta por Elio Esteller y Jordi Esteve en 2018. Primera en libre por Bernat Vilarrasa en 2021.
Ruta de gran calidad con pasajes variados; después de una fisura de

manos desplomada hay que resolver una sección de bloque y finalmente flanquear a la izquierda para proseguir por una fisura de dedos, en diedro, hasta llegar a la cima. Guantes recomendables.
• **Material:** La vía está limpia. Llevar friends del #0.4 al #3 y microfriends.
• **Época:** casi todo el año, evitando los días más calurosos.
• **Acceso:** Desde la fuente del parque de Sant Salvador (Santa Coloma de Farners), seguimos un camino dirección SE. Este camino se convierte en un sendero que sube hacia el bosque. Al poco rato, tomamos un desvío a la izquierda y seguimos arriba hasta pasar por debajo de una roca característica (Roques del Laberint). Flanqueamos dirección NE y cruzamos un torrente hasta llegar al pie de vía.

EL MONTSENY
Fissura Amagada
(25 m, 6c)

• **1ª asc:** E. Esteller y J. Esteve en 2017
Corta pero contundente vía con un primer tramo de fisura de dedos excelente, que es la sección clave de la ruta. Luego hay que navegar en placa obligada hasta un diedro corto y finalmente continuar por terreno fácil hasta la cima, donde montamos reunión en unos bloques. Roca de muy buena calidad de textura poco habitual. Descenso destrepando por la cara N.
• **Material:** La vía está limpia. Llevar friends del #0.3 al #2.
• **Época:** Casi todo el año, evitando los días más calurosos.
• **Acceso:** Desde Sant Celoni, seguir la carretera que sube al embalse de Santa Fe del Montseny.

GERBER CUCURELL.

GERBER CUCURELL.

Cuando la carretera gira hacia la vertiente Este de la montaña, aparcar justo en la curva. Continuar andando por la carretera hasta una pared característica a mano izquierda con un bloque en la base (allí hay tres vías, limpias). En este punto, subir por el bosque durante 5 min hasta llegar a un montículo de roca. La ruta citada está en la cara SE del montículo.

CINGLES DE BERTÍ
La Trona
Cerdà Riera *(40 m, 6b)*

● **1ª asc:** J. Cerdà y J. Riera en 1958

Fisura muy clásica sobre roca arenisca, abierta originalmente en escalada artificial (A2). Después de un primer tramo de placa, alcanzamos un bonito sistema de fisuras y diedros hasta la cima. Reunión opcional (a equipar) a la mitad.

● **Material:** Solo encontramos dos chapas en la placa del inicio y algún clavo antiguo. Reunión cimera equipada. Llevar friends del #0.3 al #2 y fisureros medianos.

● **Época:** Casi todo el año, evitando los días más calurosos.

● **Acceso:** Desde Sant Miquel de Sesperxes, seguimos una pista hacia el S, dirección Cingles de Bertí. Rodeamos una colina por la derecha hasta un cruce de cuatro caminos. Cogemos el segundo de la izquierda, siempre dirección S, y más adelante otro a la izquierda, hasta salir del bosque, donde es posible aparcar el vehículo. Continuamos andando hacia el S para buscar un camino antiguo que desciende. Pasar la cima de la Trona por el E y después de unos zigzags, nos desviamos por un sendero a mano derecha hasta pie de vía (15 min desde el aparcamiento).

MONTSERRAT
El Vermell del Xincarró
Ecològica *(40 m, 7b)*

● **1ª asc:** P. Masip, S. Llop y J.L. Moreno en 1980

Esta vía, abierta inicialmente en escalada artificial (A3), cruza un impresionante techo fisurado que actualmente se escala en libre (7b) al estilo *Separaty Reality*. El primer largo se puede hacer por una laja evidente de 5º (vía original) o entrar recto por una fisura fina (6c). Unos guantes pueden ir bien, aunque no son imprescindibles, puesto que el tacto de la roca es bastante suave. Precaución con el bloque que hay saliendo de la primera reunión.

GERBER CUCURELL.

MARIA-ANNA CAÑAS.

Derecha, Bernat Vilarrasa en el largo clave de la vía *Échale Morraken* (7b), en Amitges. Izquierda, Jordi Esteve la entrada directa de la vía *Ecològica* (6c) y en el primer largo de la ancha *Fissura de l'Aborto* (6a/b), ambas en Montserrat. Abajo, la línea de la *Cerdà Riera* (6b) y Gerber Cucurell escalando en solitario esta clásica fisura de la Trona, en Cingles de Bertí.

Descenso en un rápel de 40 metros por la misma pared.
• **Material:** La vía está limpia, aunque encontraremos buriles en las reuniones. Es necesario llevar friends del #0.4 al #4 y repetir tallas medianas (#0.4 a #1). Llevar cordinos y maillon por si es necesario reforzar el rápel.
• **Época:** Casi todo el año, evitando los días más calurosos. También es necesario consultar la regulación del Parc Natural de la Muntanya de Montserrat ya que esta puede variar: muntanyamontserrat.gencat.cat.
• **Acceso:** Desde el pueblo del Bruc, nos dirigimos hacia el Vermell del Xincarró, primero por una pista (no está permitida la circulación en vehículo) y luego por un sendero que sube por la izquierda del valle. La pared ubicada al extremo derecho del sector, es muy visible desde lejos (40 min desde el pueblo).
• **Otras fisuras en la zona:** *Diedre Lògic* (6c), ubicada un centenar de metros al Oeste, y *Supercrack* (7a), al extremo izquierdo de la Cova de l'Arcada.

Degotalls
Fissura de l'Aborto
(110 m, 6a/b)
• **1ª asc:** desconocida
Esta vía, a pesar de ser poco conocida, sube por una de las grietas más espectaculares de Montserrat. Se escala en cinco largos de 5+, 6b, 5+, 5+ y 4º. La sección clave, un offwidth continuo de 15 metros, pondrá a prueba nuestras habilidades de colocación y arrastre. Últimos metros con algo de vegetación. Para apasionados de las aventuras.
• **Material:** La vía se encuentra prácticamente limpia, aunque encontraremos buriles en las reuniones y algún que otro clavo

VICENÇ VILLA

antiguo. Es necesario llevar friends del #0.4 al #4 y fisureros medianos. Un friend del #5 puede ir bien, aunque no es imprescindible.
• **Época:** Casi todo el año, evitando los días más calurosos. También es necesario consultar la regulación del Parc Natural de la Muntanya de Montserrat en muntanyamontserrat.gencat.cat, ya que esta puede variar.
• **Acceso:** La pared se encuentra justo encima del aparcamiento del Monasterio de Montserrat, pero es

necesario acceder desde arriba. Partiendo del Monasterio subimos hasta el Pla de Trinitats (35 min). Seguimos por el "Camí de l'Arrel" hacia el N, durante unos 50 metros y nos desviamos hacia el E hasta la cima de los Degotalls, donde hay instalaciones de rápel. Descender en cuatro rápeles, preferentemente por la vía *Acròbates*. Flanquear el pie de pared por un bosque tupido dirección SE y finalmente hacer una pequeña trepada hasta pie de vía (1h 40 min, aproximadamente).

ZONA DE ESPOT
Agulla Inferior d'Amitges
Échale Morraken
(80 m, 7b)
• **1ª asc:** W.Zinzel, R. Bellavista y J. Pruné en 1988
Vía única de calidad excepcional. Inicio por un diedro perfecto de gran belleza (6c), luego flanqueamos a la derecha (fácil) y proseguimos por una fisura de manos desplomada "cortada a radial" (7b), hasta una repisa.

Salimos recto entrelazando varias fisuras (6a/b) hasta llegar a los rápeles de la cara N.O. Recomendable protegerse las manos con guantes de fisura para el largo de 7b.

- **Material:** Encontraremos reuniones equipadas y algún clavo. Llevar fisureros y friends del 0.3 al #4, repitiendo tallas #1 y #2.
- **Época:** Esta vía se encuentra por encima de los 2000 metros de altitud, por lo que la mejor época se acota de junio a septiembre u octubre, dependiendo del año.
- **Acceso:** Desde el Refugio d'Amitges subir hasta les Agulles por la izquierda del lago. La vía se encuentra a la izquierda de la canal que separa las dos agujas (30 min desde el refugio).
- **Otras fisuras en la zona:** Destacar el primer largo de la *Vía del Pulpo* (7a), un offwidth muy interesante ubicado más a la izquierda y, el primer largo de la *Dedos de Luz* (6b), justo a la izquierda de la vía anterior.

Torres del Bassiero
Mestres Lleonart
(230 m, 6a/b)

- **1ª asc:** K. Mestres y P. Lleonart en 1969

Preciosa clásica con fisuras de calidad que enlaza las Torres del

Bassiero, un lugar de gran belleza y con vistas muy aéreas. Escalamos la Torre Inferior por la cara S-SE siguiendo un sistema de diedros evidente, en tres o cuatro largos (máximo 6a) y evitando un techo final por la izquierda. Desde la puntiaguda cima realizamos un rápel de 40 m por la otra cara. En este punto es posible finalizar la actividad o continuar hasta la Torre Superior, siguiendo un sistema de diedros que sale por el espolón SE (máximo 6b). Desde la cima es necesario hacer un rápel de 20 metros para ir a buscar un collado que nos permite regresar a pie de vía por el O.

- **Material:** Muy poco equipada con algún clavo antiguo. Llevar fisureros y friends hasta el #3 (#4 opcional). Algunas cordadas echan en falta friends incluso más grandes, aunque la mayoría pasa sin ellos. También es recomendable llevar material por si fuera necesario reforzar los rápeles (cordino, fisureros para abandonar y maillón).
- **Época:** Esta vía se encuentra por encima de los 2000 metros de altitud, por lo que la mejor época se acota de junio a septiembre u octubre, dependiendo del año.
- **Acceso:** Desde el aparcamiento de Sant Maurici, subir por el camino principal dirección al lago de Ratera. Poco antes de llegar al mismo, a la

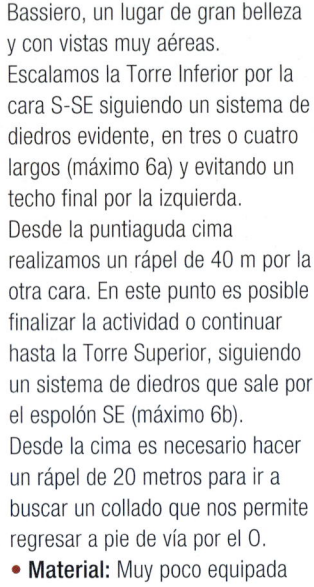

altura del cruce de la Cascada de Ratera, nos desviamos a la derecha por un canchal. A partir de aquí hay varios senderos y variantes, que a veces se pierden. Continuar ganando altura durante dos horas más hasta el fondo del valle, donde veremos las torres a mano izquierda (3 - 4 h).

Pared del Port de Sant Maurici
Tres del Tres *(130 m, 6c)*

- **1ª asc:** G. Cuadrado y G. Cucurell en 2013.

Esta ruta sube por la izquierda de una gran placa rojiza, siguiendo un sistema de fisuras de calidad excepcional. Escalamos un primer largo por una fisura muy homogénea de mano / puño (6c), que se va estrechando. Montamos

una reunión colgada y proseguimos por una chimenea (6b), hasta una repisa. Continuamos por terreno poco evidente (posibles variantes), menos difícil pero más expuesto (5), hasta llegar a la cima. Descenso dirección O hacia el Port de Sant Maurici.

- **Material:** Fisureros y friends con el número #3 triplicado.
- **Época:** Se encuentra por encima de los 2000 m, por lo que la mejor época se acota de junio a septiembre u octubre, dependiendo del año.
- **Acceso:** Igual que para ir a las Torres del Bassiero, solo que esta pared se encuentra al centro del fondo del valle de la Coma de l'Abeller, justo a la derecha del Port de Sant Maurici (3 - 4 h desde el aparcamiento).

VALL RUDA
Agulla de las Ares
Triple Directa
(150 m, 7b)

● **1ª asc:** G. Cucurell en 2010.
Ruta de envergadura sobre granito de buena calidad, muy impresionante y en un bello escenario de alta montaña. Después de un primer diedro de 7a, atacamos un escudo desplomado por una fisura de manos (7a). Realizamos otro largo corto siguiendo unas fisuras ligeramente a la izquierda (6c) y finalmente subimos por dos fisuras paralelas (7b desplomado), hasta que la pared pierde verticalidad. Tramo final de menos dificultad hasta la cima. Guantes de fisura recomendables. Descenso en dos rápeles largos por el espolón Este (recomendable llevar fisureros y cordinos para reforzar instalaciones).

● **Material:** La ruta se encuentra limpia. Llevar dos juegos de friends, del 0.3 al #2, un #3 y un juego de fisureros. Es necesario montar reuniones.

● **Época:** Esta vía se encuentra por encima de los 2000 m, por lo que la mejor época se acota de

---

✚ INFORMACIÓN

Podréis encontrar más información en la web:
escaladatradicional.com

● De las vías de Montserrat en *Escalades a Sant Benet,* publicada por J.M. Maria Alsina y A. Cugat, 1995 y en *Montserrat Roca Nua,* de Àlex Manubens y Gerber Cucurell, 2018.

● De la zona de Espot en el Refugio de Amitges o en la guía *Roca Caliente en los Pirineos,* de Luis Alfonso, 2020.

● Además de en las webs y guías indicadas, podemos encontrar una buena selección de fisuras pirenaicas en el artículo *Aigüestortes, selección supercrack,* realizado por Oriol Baró y publicado en la revista *Desnivel nº 396.*

FOTOS: GERBER CUCURELL

junio a septiembre u octubre, dependiendo del año.

● **Acceso:** Desde el Port de la Bonaigua subimos andando hasta la estación superior del telesilla de La Peülla. Luego flanqueamos hacia el SO (hay pequeños senderos de ganado) hasta un pequeño estanque. Ganamos un poco de altura y continuamos en la misma dirección hasta un canchal que desciende de la misma pared (1h 30 min).

● **Otras fisuras en la zona:** En la misma pared hay 6 vías más, con secciones de fisura interesantes.

Gerber CUCURELL

Pol Ordeix en el cuarto largo de la *Triple Directa* (7b), en l'Agulla de les Ares. Izquierda, arriba, la línea de la *Mestres Lleonart* y en la bajada de la misma, rapelando de las Torres del Bassiero. Abajo, topo de la vía *Tres del Tres*, en Sant Maurici.

Esperó de Mordor

Agosto de 1984, cuarenta años ya, joer, ¡cómo pasa el tiempo!

CON 17 años acabados de cumplir hago mi primera salida larga solo con amigos. Ya no hay monitores ni acompañantes adultos como en los anteriores veranos. El destino es el refugio Ventosa, en la parte alta de la Vall de Boí, que ya conozco de otras salidas estivales. Francesc "Piula", compi de escaladas, está currando ahí, vamos a hacerle compañía. Subo con Quim y Laia a pasar todo el mes. Al salir de casa recuerdo a mi madre diciéndome: «Llama algún día, para saber que todo va bien». «Mamá», dije yo, «tendremos el teléfono más próximo a 4 horas de pateo… si pasa algo ya te enterarás, si no, ¡nos vemos a final de mes!».

El primer día de escalada, fanáticos, repetimos la SAME, VI-, de Coma l'Espasa, acabada de abrir por Emilio Ortega y Jordi Verdaguer, unos de nuestros referentes de la época. Al siguiente vamos al Pa de Sucre a repetir la *Vía d'un Record*, también de reciente apertura.

Durante la aproximación nos hipnotiza un espolón fisurado justo encima del Estany de Tumeneja. ¡Menuda línea! Un paredón vertical cortado a pico encima del lago. Es un contrafuerte justo debajo del Pa de Sucre pero que, por poca distancia, unos cientos de metros, no forma parte de él.

Al anochecer, de vuelta al refugio, preguntamos a Miquel Sánchez, el guarda, qué vía transcurre por esa línea. La respuesta nos enmudece: «No hay ninguna vía en esa pared, como no tiene cima nadie la ha encontrado interesante. Por no tener no tiene ni nombre». ¿En serio? ¡No nos lo podemos creer! No busco cimas, ¡busco líneas!

En ese momento no lo sabíamos, pero de alguna manera íbamos a escribir unas discretas líneas de la historia de la escalada en nuestro país. Ya no importaba el hasta dónde, importaba el cómo y por dónde.

Abro paréntesis, vamos a ubicarnos: en esos tiempos la única referencia que teníamos era el "largo, duro y en libre" del libro de Meyers, y Messner empezaba a hablar del séptimo grado. Aquí las vías se graduaban, y hacían, de chapa a chapa y los grados se escribían en números romanos. Los únicos + que existían eran después de letras tipo MD+, ED+ y el ABO todavía no se había inventado…. La cima

Dilema de Frodo (variante)

Esperó de Mordor (vía original)

era el objetivo de cualquier ascensión pirenaica (ya no en otras "escuelas" como por ejemplo Terradets o Sant Benet, donde ya se habían tirado cuerdas desde arriba para equipar alguna vía de largos sin llegar a ninguna cima). John Readhead todavía no había llegado a Sant Benet para iluminar nuestras mentes.

Àlex Simón acaba de aterrizar al refugio, amigo de amigos, nunca hemos escalado juntos, pero se apunta al bombardeo. Hace unos meses se rompió la cadera en un accidente de moto y se ha fabricado un arnés con una sola pernera, no puede escalar de primero. Me tocará abrir toda la vía a mí. Por suerte Miquel nos presta unos bongs. La fisura se intuye muy ancha. Solo tenemos el material de la época: clavos, fisureros y algún excéntrico; ni un triste burilador. No tenemos experiencia en aperturas, para mí la segunda en la vida y la logística es fácil: ¡cargamos todo lo que podemos!

Cargados como burros llegamos a pie de vía. Durante la aproximación la fisura se ha ido ensanchando más de lo que nos pareció ayer, tenemos serias dudas de si nos podremos asegurar con el material que llevamos. El primer largo nos pone en vereda, casi a pelo, con algún fisurero en fisuras transversales, conseguimos pasar. El segundo, más asegurable, nos lleva a una repisa inclinada donde vemos la suerte que hemos tenido de traer los bongs.

El tercer largo… ¡vamos a morir! Una laja, cual espada de Damocles, se halla empotrada en la fisura que tenemos que pasar, justo encima de la reunión. Unos 3 metros de alto, base 3 palmos y la parte superior tendrá un diámetro de máximo 10 cm si llega… Enganchada por la base y separada el resto, parece que se va a caer al mínimo empujón. La única opción que vemos es intentar pasar en artificial sin tocarla y que Àlex la tire de segundo. Eso o bajar. Decidimos por lo primero, pero lo de pasar sin tocarla acaba siendo una falacia. ¡Acabo de pie encima de ella! No sé quién sufre más de los dos, tenemos claro que cuando se arranque moriremos… Juventud, ¡divino e inconsciente tesoro! Por suerte aguanta y puedo acabar el largo. Cuando sube Àlex lo da todo para tirarla y no hay manera, ¡está clavadísima! La bautizamos cómo el "Pirulí Paranòic".

El cuarto largo arranca con una fisura de manos-puños vertical, el más difícil de la vía. Pasado el primer tramo tumba un

Arriba, Joan Olivé en una repetición del *Esperó de Mordor* (200 m, 6a+/b); izquierda, línea de esta vía en la Paret de l'Estany, y durante la apertura de la variante *Dilema de Frodo*, en el cuarto largo, que hizo con Miquel Sánchez y Yuri Vargas en 2011 y es hoy el recorrido habitual.

poco y la fisura de manos continua recta para arriba, me impresiona. No tengo suficiente material ni valor para subir por ahí y me desvío por una rampa herbosa a la derecha y unos diedros que en tres largos nos llevan a la cima después de 7 h de escalada.

Repetimos la ruta unos días después liberando los tramos que había hecho en artificial. El pirulí continua en su sitio. Bautizamos la pared cómo Del Silmarillion y su primera vía el *Espolón de Mordor*. Voy volviendo a la misma asiduamente a abrir otras vías, alguna futurista en su época, con nombres extraídos de la famosa saga.

La fisura del cuarto largo, que es la línea lógica, resigue el espolón, me queda clavada cual espina durante años, hasta que en 2011, cómo no con Miquel, Yuri y,

esta vez sí, un buen juego de friends, enderezamos la vía por todo el espolón, creando *El dilema de Frodo*.

Actualmente es una vía de referencia de la zona, con centenares de ascensiones. Si *googleas* un rato ves que la gente aconseja llevar 2 juegos de Camalots, ¡hasta el nº5! En su momento sólo quedó una "V" en el inicio del L4, que no pudimos sacar. Al cabo de unos años, Pato instaló espits de 10 mm en las reuniones y ahora mismo hay 2 o 3 friends abandonados en el 2º largo. Es probable que algún día me pase a restaurar la vía, tal como se dice ahora, y elimine los espits de las reuniones para dejarla en su estado original… ¿Quizás para celebrar su 40 cumpleaños?

Joan OLIVÉ

Morella, Valloré y Pitarquejo

El insaciable escalador Diego Miralles "Mija", con más de 300 vías equipadas en distintos sectores –especialmente en Morella, de donde es local–, nos presenta un nuevo sector de fisuras de esta zona, así como una selección de escaladas de autoprotección del Maestrazgo, tanto de Castellón como de Teruel, que abarca una gran cantidad de vías de aventura por todo tipo de terrenos.

FOTOS: COL. DIEGO MIRALLES

MORELLA es un pueblo ubicado al norte de Castellón, que limita con Teruel y con Tarragona. Aquí he equipado muchas vías de deportiva, si bien yo me considero más un escalador de pared y alpinista; siempre me ha tirado más la tapia y es la razón por la que escalo. Especialmente las fisuras me atraen porque son la debilidad y la línea lógica para escalar cualquier pared o cualquier montaña. Las líneas que primero saltan a la vista siempre son fisuras, diedros o viras... En el Maestrazgo, donde más vías he abierto, he tenido la suerte de encontrar un terreno virgen y casi todas las vías que he podido abrir van por sistemas lógicos de diedros y fisuras. Es la escalada que te permite jugar al juego que cada uno quiera, ya sea en libre o en artificial, y subir por sitios de una forma limpia, sin tener que utilizar medios como el taladro (aunque yo no soy un radical con la ética ni mucho menos). En este artículo presento un sector de reciente apertura, así como otras vías de diedro y fisura del Maestrazgo que, a mi parecer, son imprescindibles para los amantes de este arte/sufrimiento.

MORELLA
El Tossal de la Bestia
Los sectores de Morella y Forcall ya son conocidos por sus casi 400 vías de escalada deportiva que se reparten entre sus distintos sectores. Las paredes del nuevo sector que presentamos aquí, El Tossal de la Bestia, han estado guardando un secreto que ha permanecido latente hasta hace bien poco. Está situado en la Mola Garumba y actualmente tiene unas 30 vías de escalada en diedros y fisuras de autoprotección entre V y 7a, con una longitud máximo de 25 metros. Solo encontraremos equipadas las reuniones y muy ocasionalmente algún parabolt.

Para llegar al sector tenemos que ir a la población de Forcall y, justo antes de llegar al pueblo y antes de cruzar el puente, cogemos un camino asfaltado a la izquierda. Una vez en el camino, a los 50 metros, tomamos el primer cruce a la izquierda y continuamos por el camino. Pasamos después una ermita y un depósito y continuamos hasta un cruce, donde aparcamos. Desde el mismo cruce salen unos hitos en dirección a las paredes.

Es un sector en el que podremos escalar todo el año debido a que tiene una parte con orientación sur y otra con orientación oeste, con lo que podemos escoger sol o sombra.

El sector está abierto por Diego Miralles "Mija", con la ayuda de otros escaladores de la zona como Javi Trullenque, Santi Gracia, Sergio Bolos, Sergi Parcerisas, Aitor Rodriguez o Alejandro F. A.

Entre las 30 vías del sector, las más estéticas y recomendables son: *Polvo de hadas* (6c), *el Eskinazo* (6a+), *Sol i fa plou* (6b+), *Hijos de*

Izquierda, Mija en *El Eskinazo* (6a+); derecha Santi Sabater en *Polvo de Hadas* (6c) y debajo en *Hijos de Utah* (6b), todas del Tossal de la Bestia; y debajo panorámica de este sector. Derecha, abajo, Mija en *Bada Roja* (6b+), del sector Grellera.

Utah (6b), *Ansia viva* (7a), *Fisura Socarrats* (6c+), *Reventrad* (7a) y *un Tío Feliç* (6c).
● **Material:** con dos juegos de friends hasta el Camalot nº4 podremos escalar todas sus vías, si bien para la mayoría tendremos suficiente con un juego de friends y poco más.

Sector Grellera

Aquí selecciono otras tres vías de fisura del sector deportivo de la Grellera, que cuenta actualmente con unas 150 vías, y donde podemos completar el día haciendo deportiva. Fue equipado por algunos

miembros de la Sociedad Esportiva Espemo, junto con algún escalador más. Está orientado al oeste, así que tenemos sombra toda la mañana.

Para llegar tenemos que ir por la carretera de Morella en direccion Forcall y, pasado el cruce de Forcall, a unos 30 metros, vemos una pista a la derecha. Subir por ella 50 metros y aparcar en la caseta de electricidad. Seguir el camino que sube en dirección a las paredes (15/20 min).

Bada Roja *(50 m, 6b+)*
● **1ª asc:** Abierta por Alfredo Querol en solitario sobre el año 2000 y escalda en libre después de estar unos 20 años en el olvido por Sergi, Joanet y Mija.

Es una espectacular bavaresa de dos largos de escalada. El primero es el más interesante: una ancha bavaresa que, pese a tener una dificultad no muy extrema (6b+), nos hará esforzarnos más de lo que

FOTOS: COL. DIEGO MIRALLES

Arriba, Joan Solé en *Tio Canya* y a la derecha la Punta Libertad. Debajo, vista del *Diedro Valloré*; y Santi Gracia en el L3 de *Bam Bam*. Pág. dcha, Ricardo Bosi en el L2 del *Gran Diedro Valloré*; y abajo, Santi Gracia en *Hacia lo Salvaje*.

Tio Canya
(80 m, 7a o 6a/A1 obl)

● **1ª asc:** Abierta por Diego Miralles "Mija", Óscar Roca y J. Mampel en 2019.

Es una vía de 3 largos cuyo principal atractivo es la estética del segundo largo y la variante offwidth del segundo largo. La dificultad en libre es 7a en el tercer largo, pero es un tramo equipado en el que el grado obligado es 6a/A1.

● **Material:** un juego de friends hasta el 4 o 5 de Camalot y nos irá bien repetir el 4.

nos imaginamos. El segundo largo es más corto y fácil, un 6a+ en el que tampoco nos podemos despistar.

● **Material:** Para repetirla tendremos que llevar 2 juegos de friends hasta el nº 4 y más que recomendable sería llevar un 5 o 6, aunque con un poco de morro podremos pasar sin él.

Fisura Carajillo
(80 m, 6c, A1+)

● **1ª asc:** Abierta en marzo de 2012 por Sergi Bailach y Diego Miralles.

Está situada en la Pared Roja, bien visible desde el parking y por la que pasamos cuando subimos a los sectores. Consta de 3 largos y la tónica fundamental de la vía es la fisura. El primer largo comienza por una fisura ancha muy marcada a la izquierda de la Pared Roja (6c), el segundo largo es una fisura mantenida (6b) y el tercero va por un diedro/fisura hasta llegar a un techo en el que tendremos que hacer un poco de artificial (6a+, A1+). El descenso lo realizamos caminando hacia la izquierda, hasta encontrar una bajada que nos dejará cerca del sector El Callejón, por donde volveremos a pie de vía.

● **Material:** juego de friends hasta el Camalot nº4, repitiendo tallas medianas y Aliens.

VALLORÉ

Para llegar a esta zona tenemos que ir a la población de Montoro de Mezquita y aparcar en el pueblo. Cruzamos el pueblo y vamos por la senda de las pasarelas de Valloré,

un bonito camino con pasarelas de madera que van por el cauce del río. Después de cruzar el estrecho, cuando el terreno se abre, encontramos la vía Bam Bam en la pared de nuestra izquierda y el Gran Diedro Valloré enfrente, en el margen izquierdo del río.

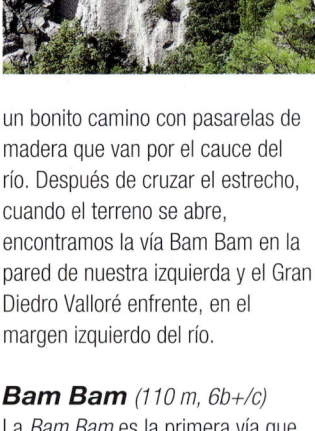

Bam Bam *(110 m, 6b+/c)*
La *Bam Bam* es la primera vía que abrí en Valloré, un sitio espectacular

y salvaje en el corazón del Maestrazgo. La abrimos Santi Gracia y yo, Diego Miralles "Mija". Tiene 4 largos y una dificultad máxima de 6b+/c. con un L3 de diedro técnico y fino. El descenso es mediante 2 rápeles, o bien podemos continuar por la cresta hasta el mirador. Recibe sombra por la mañana, ideal para combinarla con el Gran Diedro.

• **Material:** para escalarla hace falta un juego completo de friends hasta Camalot nº4 y repetir medianos/pequeños.

Gran Diedro Valloré
(100 m, 6b, 6b, 6c)
Vía de 3 largos que abrimos Dani Celma y Diego Miralles "Mija". Tiene un segundo largo antológico con un largo y perfecto diedro que es de lo mejorcito de la zona. El L3 hay que negociar un poquito con la roca pero con una escalada exigente y bonita. Descenso en 2 rápeles. Sombra por la tarde, ideal para combinarla con la *Bam Bam*.

• **Material:** necesitaremos 2 juegos de friends hasta el Camalot nº4; puede ser recomendable un nº 5, aunque no imprescindible.

PITARQUEJO
Punta Libertad
La Punta Libertad es una de las puntas que se encuentran en el margen derecho de la carretera cuando cruzamos el túnel que da acceso a la zona de Pitarquejo, que es la zona que hay después de los túneles cuando vamos en dirección al pueblo de Pitarque, donde también esta la masía de Pitarquejo. Tenemos que aparcar después de la masía, en el margen derecho de la carretera. El acceso es evidente, aunque no hay camino marcado, solo algunos hitos.

Es una zona privada por la que pasta el ganado vacuno. Sed lo más prudentes y lo más respetuosos posibles con el entorno y con la gente que lo mantiene vivo.

Territorio Discovery
(120 m, 6b+)
Vía de tres largos, con espectaculares diedros, que llega a la cima de la Aguja Libertad. Abierta por Francesc, David y Mija. Se desciende en rápel. Sombra a partir de mediodía.

• **Material:** necesitaremos un juego completo de friends hasta Camalot nº 4 y repetir los medianos.

Hacia lo salvaje
(120 m, 6c+/7a)
Vía de tres largos con un segundo largo único por la zona: una placa con una larga y exigente fisura vertical. Abierta por Santi Gracia, Alejandro Bada y Mija. Se desciende en rápel. Sombra a partir de mediodía.

• **Material:** Necesitaremos 2 juegos completos de friends hasta cam 4 y puede ir bien llevar alguno extra.

Diego MIRALLES "Mija"

➕ **INFORMACIÓN**

• En el blog:
paretsdaci.blogspot.com

• *Guía Maestrazgo de Teruel, escaladas insólitas.* Por Javier Magallon (Ed. Desnivel, 2023).

• *Guía Els Ports, Climbing Guide.* Editada por la mancomunidad en 2024. Disponible en las oficinas de turismo de pueblos de Els Ports, por 10 €.

• *Guía El Maestrat, escalada.* Germà Gil. Autoedición, 2021.

• Contactando a la Sociedad Esportiva Espemo:
www.espemo.org

• En el bar **Cañero's Bar** del pueblo de Morella.

Montanejos

El polifacético escalador Rafael Bosch, responsable de esta selección de fisuras, asegura que fue en Montanejos donde se apasionó por esta modalidad de la escalada que «me hace salir de mi zona de confort, ¡y eso me encanta!».

MONTANEJOS incluye entre sus cientos de largos de escalada, algunas joyas para la escalada en fisura. Lo interesante es que la roca aquí es caliza y las fisuras se encuentran en las paredes de los estrechos del río Mijares, en un entorno único y de gran belleza natural. Fue a partir de los ochenta que los escaladores del momento se fijaron en estas fisuras y las escalaron en libre, con el material que había entonces.

En esta selección de vías de fisura hemos querido incluir aquellas que requieren de técnica específica de escalada en fisura, bien mediante empotramientos de manos, dedos, pies, así como bavaresa y offwidth. Quedarán fuera de la selección auténticas obras maestras, simplemente por no ser tan obligadas en el estilo o por restricciones. La caliza

naranja del estrecho no es especialmente adherente, no esperéis mucho "grip", pero tanto friends como empotres quedan absolutamente "a cañón", así que ¡la diversión está asegurada!

Todas las propuestas se encuentran en la zona conocida como Estrechos de Chillapájaros, en el río Mijares a su paso por el término municipal de Montanejos. Entre las propuestas hay vías del sector Fisuras del Estrecho, en la orilla izquierda, y del sector Fisuras de los Miradores, en la orilla derecha.

Su orientación permite la escalada todo el año, tanto por las mañanas como por las tardes, ya que tendremos sol y sombra a elegir según la época.

No existen restricciones para la escalada en las vías propuestas.

RAFAEL BOSCH

Sector Fisuras del Estrecho

• **Acceso:** para las vías propuestas, accederemos desde el aparcamiento que se encuentra en la CV20, dirección a Puebla de Arenoso desde Montanejos, justo al salir del primer túnel. Bajaremos las escalerillas que conducen a la presa de Cirat y, justo después de cruzarla, tomaremos el sendero que remonta el río y nos conduce al sector.

• **Descenso:** El retorno de ambas vías lo podremos hacer rapelando por la línea de rápeles equipada sobre la vía *Trilitate* (se encuentra a la derecha de ambas vías en una pequeña vaguada equipada con una cuerda de ayuda para acceder al descuelgue). También se puede bajar andando, para lo cual remontaremos la faja de salida de ambas vías con tendencia a derecha por sendero pisado y en ascenso hasta encontrar el Sendero de los Estrechos, señalizado con marcas blanca y morada. En dirección al pueblo encontraremos un poste con indicaciones para

descender al pie de vía por un sendero de alta dificultad ("Senda de los Cazadores") equipado en su parte final con unos peldaños para superar un bordillo de unos 15 m.

Techo Pirineos/ Variante Gálvez

(100 m, 6c+)

• **1ª asc:** La vía original fue abierta en 1974 por la mítica cordada formada por Pedro Notario, Gustavo Llobet y Jose Mª Pons (Tacolín). Además, colaboraron otras personas, como José A. Carreño, Ángel Aguilar y José Marc en la apertura de distintos tramos de la vía.

Aunque la vía ha sido reequipada/restaurada en dos ocasiones, en 1998 por parte de J.L. Ballester y Carlos de la Cruz, y en 2011 por R. Cadalas y J. Arviza (quienes abrieron la salida variante Gálvez dedicándosela a este), aún podemos encontrar algunas de las cuñas de madera que los aperturistas usaron en su escalada. Actualmente se trata de una vía semiequipada que permite meter

Derecha, Hippie en el L3 de *El cuarto jinete*, e izquierda, Ana en el L1 (*Asesinejos Crack*) de esta misma combinación de vías. Abajo, de nuevo Hippie en solitario en el L2 del *Techo Pirineos*.

varias piezas entre seguros fijos. Hay que destacar que la vía original cruza el gran techo en artificial, ahora equipado, ¡pero imaginad en el 74 cómo se las gastaban estos mozos!

Recomendamos la *"variante Gálvez"* ya que permite escalar en libre y con técnica de fisura, sin por ello desmerecer lo más mínimo el trazado original. Este recorrido tiene una longitud de 100 m, repartidos en tres largos: *(L1, 37 m, 6a), (L2, 33 m, 6c+), (L3, 30 m, 6b+/A0).*

El largo clave es el L2, una fisura/diedro de izquierdas, donde predominan los agarres de dedos con un par de aprietes importantes, especialmente unos metros antes de la R, cuando ya llevas "las porras" bien hinchadas. La salida del L3 es un poco patinosa pero está protegida con algún bolt y "reliquia" hasta la fisura del techo, que te permite proteger con un friend mediano; es imprescindible alargar las cintas para minimizar el rozamiento. El final del largo se puede hacer en recto aprovechando los parabolts de la vía *Intravenosa* (7b en libre) protegiendo por la fisura, con una salida dura a bloque en recto, o bien buscar el fallo de la pared tanto por izquierda como por derecha, asumiendo el riesgo y compromiso de un vuelo más largo y en péndulo.

● **Material:** Para escalar la vía en libre, además de una buena dosis de determinación, necesitaremos un juego completo de Tótem repitiendo del azul al rojo (o equivalentes). Los fisureros pueden ser útiles si faltan friends. Los guantes de fisura son recomendables aunque prescindibles.

El cuarto jinete *(103 m, 7a)*

Se trata de una combinación de largos en fisura/diedro de izquierdas a modo de "triple directa" y que encontraremos a la derecha de la vía *Techo Pirineos*.

FOTOS: CARLOS PINEDA

Su trazado es tremendamente estético especialmente en los largos centrales. Aunque se puede entrar por diferentes vías, la combinación que propusieron R. Cadalas y J. Arviza al idearla es la que recomendamos en este artículo, con salida del largo final por la variante izquierda de 6a.

- **L1:** *Asesinejos Crack* (25 m, 6a+), abierto en el año 57 por Juan M. Sandalinas y J. L. Furió Godoy (seguramente con otro nombre), fue equipada con bolts en el 94 por P. Llatas y E. López. Aunque un poco patinosa al inicio, supera un desplome muy estético y la llegada a la R permite combinar técnica de fisura o bavaresa con offwidth (según se os dé mejor).
- **L2:** *Farass* (25 m, 6b+), abierto en el 86 por Craig Smith y Dave Green sin expansiones. Preciosa fisura de mano/puño que ahora cuenta con dos bolts en todo el largo.

- **L3:** *Garganta profunda* (32 m, 7a o 6b/A0 obl), abierta en el 81 por J. Motes, Moisés, J. Terradez, Amparo, Boro y Ernesto López. Reequipada en el 91 por Pili Llatas y Ernesto López.

Magnífico largo con dos secciones diferenciadas, la primera parte fisura/diedro con dos seguros fijos. La segunda parte, una vez te metes en la parte desplomada, la fisura se ensancha un poco, pero está protegida con 4 bolts. Una vez superado el techo, la fisura sigue y obliga a gestionar bien fuerzas, coco y haberse guardado un #2. Actualmente un cordino rojo alarga un último bolt muy alto, y permite minimizar el roce de la cuerda al salir a derechas en travesía un poco expo a la R3 que está en una repisa.

- **L4:** *Garganta profunda* (20 m, 6a). Saliendo por el desplome de la izquierda que es más bonito de escalar y proteger, aunque por la derecha se sale también, siendo V+.

OMAR S.

HIPPIE

Sector Fisuras de los Miradores

- **Acceso:** Tomar la CV20 dirección a Puebla de Arenoso, remontando el río Mijares. Justo a la salida del segundo túnel (el de los miradores), encontraremos un pequeño hueco donde aparcar al lado de la carretera, tanto a izquierda como a la derecha. Descenderemos hacia el río por un sendero equipado con grapas y algún pasamanos, el cual empieza justo pegado a la pared del túnel (saltar el quitamiedos). El sendero desciende por terreno descompuesto en zigzag hasta llegar a un antiguo pozo excavado en la roca. El camino termina ahí con un murito el cual se esquiva y se accede a unos peldaños que nos permiten bajar los 10 m que nos separan del lecho del río. Toda esa orilla es el sector.

- **Descenso:** El retorno si rapelamos es el mismo, pero podemos salir por los miradores al escalar alguna de las vías que conducen a éstos. En el caso de las vías que salen por encima de la pared, buscar la senda que hacia la derecha y entre bancales y árboles caídos nos conduce a un antiguo camino que en zigzag nos llevará a la carretera por encima del túnel.

Contigo al fin del mundo (L1 35 m, 6b)
- **1ª asc:** Boxy, Yevy y T. Núñez en 1986, desde abajo ¡usando algunos friends CALMA! Reequipada por R. Cadalás, J. Nieto y X. Barrios en 2010.

Se trata de una fisura/diedro semiequipada con una salida un poco patinosa protegida por dos bolts y luego una fisura de mano/puño parcialmente protegida con varios bolts.
- **Material:** un juego de friends del #0,5 al #4, repetir #2 y #3.

Suspirito caliqueño (L1 30 m, 6c)
- **1ª asc:** J.M, Rosell, M.A. de la Casa y T. Núñez en 1983 (mismo estilo que la anterior). Reequipada por X. Barrios y J.Nieto en el 2010.

Página izquierda, Paco y Rafa en *El crepúsculo de los jinetes* L2 (6a+) y, abajo, Rafa empotrando en *Contigo al fin del mundo* (6b). Derecha, el Estrecho de Chillapájaros; debajo, Rafa en *Suspirito caliqueño* L1 (6c) y a su derecha Gabri en el L2 de *Blade Runner* (6c+).

FOTOS: RAFAEL BOSCH

Aunque un poco más dura por estar desplomada, ofrece más opciones de agarre fuera de la fisura, pero que si se escala sin usarlos se convierte en todo un desafío a nuestra técnica de empotre de mano/puño, alternando con bavaresa.

• **Material:** un juego de friends del #0,75 al #4, repitiendo #1, #2 y #3.

Blade Runner

(L1, 20 m 6b+, L2, 25 m 6c+)

• **1ª asc:** Francisco Aguado, Máximo Murcia y Pedro González en 1983, desde abajo y usando bicoins, excéntricos hasta del 11 y algún friend Simond que les regalaron para ir a Patagonia. De esta vía lo interesante desde el punto de vista de la escalada de fisura está en los primeros dos largos, ambos semiequipados.

• **Material:** para escalar el L1 en chapa negra llevar un juego completo de friends hasta el #4 y para el L2 hasta el #6. ¡Ojo con la salida! Te metes directamente en el offwidth, se protege bien con un #3 antes y si se lleva un #6 lo puedes meter al fondo del OW y salir en autoprotección echándole muchísimo morro, aunque si no tienes el día, hay un bolt justo a la salida del OW ¡que sabe a gloria!

El crepúsculo de los jinetes *(105 m, 6c+)*

• **1ª asc:** equipada por Tino Núñez en el 85 desde arriba metiendo algunos espits para escalarla en libre con unos colegas, lo que hizo desde abajo y usando su ya mencionado juego de friends Calma. Fue reequipada en 2010 por R. Cadalas, L. Puig, Q. Estellés, X. Barrios y J. Cutanda.

Vía actualmente muy equipada, que incluye en el L2 una fisura muy ancha tipo offwidh, la cual no es posible proteger en algunos tramos sin llevar piezas enormes.

HIPPIE

Todos sus largos son buenos, especialmente los largos centrales:

• **L1:** 25 m, 6a+. Chimenea.
• **L2:** 25 m, 6a+. Escalada en bavaresa/OW.
• **L3:** 25 m, 6c+. Fisura ancha, bavaresa y salida por techo.
• **L4:** 30 m, V+. Placa fisurada.
• **Material:** recomendable un juego de Totem (o similares) desde el amarillo al rojo, así como alguna cinta extensible.

Otras vías en el sector

Este sector es una auténtica maravilla para la escalada de fisuras. Además de las recomendaciones anteriores, si

el tiempo y las ganas acompañan, no os podéis perder vías como:

• *Jiji, jaja, juju*
(L1, 35 m A3 o 8a en libre).
Este largo fue abierto por Javi y J. Gálvez en el 84 en artificial con una dificultad propuesta de A3. En 2022, tras la visita de los Hermanos Pou a Montanejos, Iker consiguió liberarlo, escalándola en autoprotección poniendo los seguros desde abajo. Se trata de una fisura de dedos desplomada donde apenas hay un par de pitones y que se protege con fisureros, microfriends y friends pequeños. Le siguen un largo de A2 y otro de 6a.

• *Marcando paquete:* es un diedro fisurado que conduce por la izquierda al primer mirador del túnel de la CV20. Aunque se pueden empalmar, recomiendo escalar el **L1** (25 m, 6c) que está totalmente equipado y hacer reunión en la cómoda repisa de la R1 para afrontar el **L2** (25 m, 6b) con mucha motivación y bien de artillería ya que sólo cuenta con un bolt a mitad y otro justo a la salida. Llevar un juego completo de friends repitiendo medianos y hasta el #5 si se tiene.

• *El monstruo está ciego:* es el diedro fisurado que conduce al mismo mirador, pero por el lado derecho. Esta fisura tiene una R a unos 30 m, pero se puede empalmar con la salida al mirador sumando unos 15 m más. En total unos 45 m de 6c por fisura muy irregular, en ocasiones OW que cuenta con varios parabolt como para subir sin meter nada, pero que llevando un juego variado de friends se dulcifican un poco los alejes.

Rafael BOSCH
(www.maximaaventura.es)

INFORMACIÓN

• *Guía Escalada en Montanejos,* de Ernesto López (2007).

• También encontramos bastante información en internet.

La Pedriza, La Cabrera, Galayos, Villarejo, Hoyamoros, Ulaca, otros riscos de Gredos...

¿Tienes complejo de fisurero humano? *Metamorfosis, Capitán Pinzas, Tiempos de cambio*... ¿están ya en tu libreta? Bien, pues aquí te retamos a completar tu carnet de "especialista en fisuras" con nada menos que un centenar de líneas a las que ir con amigos y piel curtida. Quizá eches de menos alguna conocida, pero seguro que hay otras que te van a sorprender. La *tick-list* corre a cargo de Palan Martín, quien también aporta los datos prácticos de dos fisuras de la Cabrera. Además, Braulio Expósito y Juanjo Cano añaden información ampliada de otras dos de sus fisuras favoritas.

SEGURO que si te preguntan por las mejores fisuras de la "zona centro" lo primero que te viene a la cabeza son los nombres de La Cabrera, La Pedriza o Los Galayos. Es normal. Es lo conocido. Ocupan el podio de las tres escuelas reinas, eso ni se discute. Pero lo cierto es que existen también cientos de líneas dispersas en lugares remotos, en riscos poco conocidos, y en escuelas de creación más reciente, que merecen la pena conocer.

Y es que el conjunto de sierras que separan las dos mesetas centrales seguramente albergue la mayor colección de fisuras de toda la geografía peninsular. Líneas perfectas donde necesitaremos utilizar las diferentes técnicas de escalada en fisura: empotramientos de dedos, manos, puños, técnicas de offwidth, bavaresa, escalada en X o en chimenea.

Te proponemos un recorrido por 100 de las fisuras más recomendables del Sistema Central. Una lista donde encontrarás rabiosos bordillos de apenas 10 metros, largazos de 40 y 50 m, y rutones de varios largos. En la lista no faltan las clásicas, pero también hay muchas más que probablemente no conozcas. 100 propuestas, incluyendo fisuras limpias, equipadas y semiequipadas, que van desde las más sencillas a propuestas de octavo, y un proyecto que espera su liberación.

Tachar las 100 de la lista no te va ser fácil. A diferencia de Cadarese o de Indian Creek, las fisuras que hemos incluido se encuentran dispersas de manera intencionada. Aquí toca hacer kilómetros, toca patear con la mochila, toca investigar. Pero calidad hay, y mucha. Aquí y allá encontraremos joyas, auténticos pepinacos 5 estrellas, que harán que el esfuerzo valga la pena.

Es muy probable que eches en falta nombres en la lista. Pero es mi lista, subjetiva totalmente. Mi objetivo no es convencerte de que estas 100 son las mejores, solo pretendo proponerte un reto divertido y descubrirte fisuras que son tan buenas, o mejores, que otras que ya conocías.

Las vías no están ordenadas por zonas, sino que están clasificadas en función de su dificultad. El número del final indica la referencia bibliográfica, que encontrarás en un recuadro al final del artículo.

Palan MARTÍN

100 FISURAS RECOMENDABLES

Nombre de la vía y grado	Situación [+Información]
Vías de hasta V+	
1. **Gran Diedro** (IV+)	Gran Galayo, Galayos
2. **De la niebla L2** (V+)	El Yelmito, Riscos de Villarejo [10]
3. **Diedro de la fruta** (V+)	Lancha del Ciervo, Ulaca
4. **Gran fisura** (V+)	Punta Margarita, Galayos
5. **J.E.Y.** (V+)	Cinco Cestos, La Pedriza
6. **Mira un búho** (V+)	Risco de los Principiantes, La Pedriza
7. **Rodolfo Santiago L1** (V+)	El Capuchino, Galayos
8. **Señales de humo** (V+)	Pilar del Purgatorio, Canales Oscuras [1]
Vías de 6a/6a+	
9. **Ayuso** (6a)	Perro que fuma, Circo de Gredos [1]
10. **Diedro de los amigos L4** (6a)	El Torozo [11]
11. **El Dragón Verde** (6a)	Lanchón de los Bueyes, Cadalso de los Vidrios [9]
12. **Gollum L4** (6a)	El Torozo [11]
13. **Gran diedro** (6a)	Yelmo de San Martín, Pantano de San Juan [9]
14. **Los Popeyes** (6a)	Principal, Robledillo [4]
15. **Pan con membrillo L5** (6a)	El Torozo [11]
16. **Ansiedad y neurosis L1** (6a+)	Segundo Hermanito, Hoyamoros [2]
17. **Diedro Loquillo L1** (6a+)	Pico de la Miel, La Cabrera
18. **Esteban Altieri L3** (6a+)	Pico de la Miel, La Cabrera
19. **La leyenda de las pupas** (6a+)	Barrera de Valdesancho [12]
20. **Ne me quitte pas L3** (6a+)	Risco del Francés [6]
21. **Pilar del amanecer L2** (6a+)	Risco Campana Chica [6]
22. **Rafael Montiel L4** (6a+)	Risco Gordo, Riscos de Villarejo [10]
23. **Yo no voy a Yosemite, me quedo en este escondite L1** (6a+)	Hoyuelas Superiores [1]

[+Información]: *Las referencias bibliográficas u otras indicaciones se reseñan en la última página del recuadro. En las que no se especifica nada es porque se puede encontrar información fácilmente en internet. Los artículos publicados en Desnivel aparecen con la clave DNV y el número en que salieron publicados.*

DANI CASTILLO

Diedro Loquillo L1 (6a+)

Gran clásica del Pico de la Miel, en la Cabrera, abierta por Rafael Durán González "Loquillo" y José Ángel Lucas en 1969. Según cuenta Rafael, le echaron el ojo cuando fueron a abrir la chimenea que va a su derecha (que hoy prácticamente no se repite), y les costó varios viajes afrontar el diedro (por esos tiempos, llegar en autobús desde Madrid era toda una expedición). Finalmente este primer largo, el más emblemático de la vía, lo abrió Rafael desde abajo, sin poder meter nada, solo asegurado con un anillo en una piedra empotrada en la mencionada chimenea del lado. «Ya íbamos con botas blandas y gracias a eso pude subir. Teníamos unos 17 o 18 años, éramos unos intrépidos». Actualmente la vía, de 120 metros en total, tiene parabolts y clavos, aunque es recomendable llevar friends de refuerzo. En la foto, Óscar Carrera.

J.E.Y. (V+)

Una de las mejores, en su grado, de la Pedriza. Abierta por José Luis Bouza, Eduardo Benedé y Alejandro Cuadrado "Yeti" en 1979. Ubicada en el risco de Cinco Cestos, en el callejón que se encuentra detrás del gendarme, por lo que es sombría y se puede escalar incluso en verano. Empieza por una rectilínea fisura de manos y puños hasta encontrarnos con el característico bloque empotrado tras el que encontramos la reunión. Es habitual combinar esta vía con el segundo largo de *La cesta de caperucita* (6b), una placa equipada (alegre), que nos dejará muy buen sabor de los distintos estilos de escalada pedriceros. Para la fisura hay que llevar un juego de friends, con números intermedios repetidos. En la foto, Sophie Schlemermeyer.

JOSÉ NÚÑEZ LÓPEZ

FOTOS: BRAULIO EXPÓSITO

100 FISURAS RECOMENDABLES

Nombre de la vía y grado	Situación [+Información]

Vías de 6b/6b+

24. Bonatti (6b)	Barrera de Valdesancho [12]
25. Diedro Ayuso-Espías L3 (6b)	Punta María Luisa, Galayos
26. Eliminator L2 (6b)	Punta Pilar, Galayos
27. Guirles-Campos L4 (6b)	El Torozo [11]
28. José Manuel Alaiz L1 y L3 (6b)	Pico de la Miel, La Cabrera
29. Metodología (6b)	El Puro, La Cabrera
(Atención: prohibido por nidificación de enero a julio)	
30. Vía de la fisura L2 (6b)	Torre del Buitre Negro, La Pedriza [7]
31. Don Quijote L3 (6b+)	Risco del Ángel
32. El triunfo del miedo (6b+)	Aguja de los Tres Amigos, La Cabrera
(Atención: prohibido por nidificación de enero a julio)	
33. La grieta (6b+)	Peña la Vieja, Navalperal de Tormes [8]
34. Sáhara L2 (6b+)	Dado del Casquerazo, Circo de Gredos [6]
35. Sulayr (6b+)	Peña del Águila, Galayos
36. 90º a la sombra (6b+)	Patagonia, Solana de Ulaca [2]

Vías de 6c/6c+

37. Capitán Pinzas L1 (6c)	Peña del Águila, La Cabrera
(Atención: prohibido por nidificación de enero a julio)	
38. Criando malvas (6c)	El Puro, La Cabrera
(Atención: prohibido por nidificación de enero a julio)	
39. Durán-Piñón (6c)	Punta María Luisa, Galayos
40. Esquizofrenia (6c)	Navatalgordo [9]
41. Machando güevos (6c)	La Corbera, Navalmoral de Béjar [5]
42. Moby Dick L3 (6c)	El Torozo [11]
43. Pornostars (6c)	Segundo Hermanito, Hoyamoros [2]
44. Rodolfo/Santiago (6c)	Dos Torres, La Pedriza [7]
(Atención: prohibido por nidificación de enero a julio)	
45. Zénit (6c)	Falsa Buitrera, La Pedriza [7]
46. Acceso directo a la memoria (6c+)	Aguja del Murciélago, La Cabrera
47. Atlántida (6c+)	Punta Valeria, Risco Moreno del Hornillo [6]
48. Eólica (6c+)	Segundo Hermanito, Hoyamoros [2]
49. Inflexibilidad (6c+)	Segundo Hermanito, Hoyamoros [2]
50. Miscelánea (6c+)	Barrera de Valdesancho [12]
51. Norte o Tino (6c+)	Dos Torres, La Pedriza
(Atención: prohibido por nidificación de enero a julio)	
52. Paloma Blázquez (6c+)	Muralla China, La Pedriza

Vías de 7a/7a+

53. Abreacción chapera (7a)	Navalacruz [9]
54. Achille Talon L1 (7a)	Punta Esperanza, Circo de Gredos [1]
55. El arte del cerrojo (7a)	Risco de los Extremeños, Risco del Fraile [1]
56. Examen de conciencia (7a)	Tercer Hermanito, Circo de Gredos [1]
57. Galería de sombras (7a)	Risco Gordo [2]
58. La ley del waltrapa (7a)	Cancho Bermejo [5]
59. Malasombra (7a)	Barrera de Valdesancho [12]
60. Resiliencia (7a)	Pequeño Galayo, Galayos [DNV nº 430]
61. Eloy supercrack L2 (7a+)	Segundo Hermanito, Hoyamoros [2]
62. Internacional (7a+)	La Peseta, La Pedriza
63. La niña montero (7a+)	Las Mesas, Hoyo de Pinares [13]
64. La Perla Negra (7a+)	Cabeza del Madroño [14]
65. Los pequeños detalles (7a+)	El Lagarto, Peguerinos [3]
66. Lynyrd Skynyrd/Tiempos de cambio (7a+)	Peña del Águila, Galayos
67. Metamorfosis (7a+)	Aguja de los Tres Amigos, La Cabrera
(Atención: prohibido por nidificación de enero a julio)	
68. Nobleza charra, pasión baturra (7a+)	Cancho Bermejo [5]
69. Rosarito (7a+)	Falsa Buitrera, La Pedriza [7]
70. Voces de ultratumba (7a+)	Pared del 7, Arroyo Malillo [2]

Arriba, Alejandro en *La Niña Montero*, cuya línea podemos distinguir en la panorámica del sector Las Mesas (abajo): el diedro más marcado del centro. A ambos lados encontramos también otras buenas líneas de fisura en esta zona abulense.

Hoyos de Pinares
Sector Las Mesas
63. La niña Montero
(12 m, 7a+)

• **1ª asc:** por Alejandro Sánchez y Braulio Expósito (y primera en libre por los mismos).

Es una fisura de dedos muy atlética y con buenos cerrojos en los primeros pasos. La roca es pórfido granítico. La he seleccionado por la estética de la fisura, por la belleza de la roca con sus tonalidades verdosas, amarillentas y naranjas, así como por el entorno donde se encuentra, en pleno cañón del río Becedas.

• **Acceso:** se encuentra en el término municipal de Cebreros, dentro del cerro de Las Mesas. Desde Cebreros coger la carretera AV-502 que comunica con el

Metamorfosis *(7a+)*

Ubicada en la Aguja de los Tres Amigos, la Cabrera, y abierta en 1970 por Gustavo Cuevas y José Antonio Pérez, quienes la bautizaron con sus apellidos *Cuevas-Pérez*, como era habitual en esos años, y la ascendieron en artificial utilizando tacos de madera, clavos e incluso ángulos de estantería. Es una vía histórica por tratarse del primer 7a encadenado en la Comunidad de Madrid, en el año 1978, a cargo del pionero del *free climbing* Manolo Martínez "Musgaño", con Fernando de la Puente (en la foto de abajo, Musgaño en la vía durante la grabación de la película *Nueva Dimensión*), tras lo cual pasó a denominarse *Metamorfosis*, simbolizando esta transormación a la escalada libre. Una de las imprescindibles. A la derecha, foto actual con la escaladora Vera Bakker.

Resiliencia (7a)

Vía de 100 metros de recorrido, situada en la cara este del Pequeño Galayo, abierta en el verano de 2021 por Raúl De la Vera y David Bautista, y liberada en el verano de 2023 por Gabriel Mezger y David Bautista. La abrieron desde abajo y la dejaron totalmente limpia. Toda una joya de la autoprotección a la que hay que ir con los nervios bien templados. Para su repetición recomiendan llevar friends: desde Alien azul repitiendo semáforo de Alíen y hasta el n° 2 de Camalot, además de empotradores pequeños. Más información en el Refugio Victory de Galayos.

COL. DAVID BAUTISTA

pueblo de El Hoyo de Pinares. Pasado el km 15, y una vez cruzado el puente sobre el río Becedas, dejamos aparcado nuestro vehículo a la derecha, encima de la represa del área recreativa la Pililla. Desde allí tomar el camino que conduce a las ruinas de las Mesas. Luego seguir el sendero que lleva a la cumbre de las Mesas y, en la tercera curva, seguir por un sendero hitado con piedras hasta la base del sector, también llamado Las Mesas.

- **Material:** juego de friends hasta el n° 3 y juego de microfriends C4. Repetir medianos y micros.
- **Época:** dada su orientación sur, lo más recomendable es desde septiembre a junio, evitando los meses más calurosos del verano.
- **Otras fisuras de la zona:** *Atrapa sueños* (6a), *Más filosofía y menos wasap* (6a+), *Director de felicidad* (6a+) y *Experiencia bulbar* (6b). Las tres son unas preciosas fisuras de dedos y/o manos, a cargo de Braulio y David González las dos primeras, y de Braulio y Alejandro la última. // **Braulio EXPÓSITO**

IVÁN DE VICENTE

Fernando Salgado en *La Perla Negra*, una de las "perlas" de la zona abulense de Cabeza del Madroño, desarrollada por Braulio Expósito y Dani Pamir.

CABEZA DEL MADROÑO

Sector superior "Cabezón del madroño"
64. *La perla negra*

(15 m, 7a+)

• **1ª asc:** Abierta por Braulio Expósito y Daniel Pamir (primera en libre por Braulio).

Es un diedro fisurado que va desplomando de más a menos. Una fisura ancha al principio que va estrechándose poco a poco hasta convertirse en fisura de dedos, arriba del todo, donde se concentra la zona más técnica y de mayor dificultad. La roca es granito microforfídico de gran dureza y muy buena calidad. La he seleccionado por lo estética de la vía y por ser una fisura de enorme calidad, de unas características inusuales en la zona centro.

• **Acceso:** Está ubicada en el término Municipal de Villanueva de Ávila, pasado el río Alberche, dirección al Puerto de Serranillos. Hay que llegar a Burgohondo y tomar la carretera AV-913 hasta el km 6, donde dejaremos el coche en apartadero para cuatro vehículos. Desde aquí seguiremos la carretera dirección Burgohondo unos metros hasta localizar el sendero a nuestra derecha, que parte de un gran mojón de piedras. Seguimos el sendero unos 10 minutos hasta que nos topamos con las primeras vías. Esta está en el sector superior "Cabezón del madroño".

• **Material:** juego completo de friends hasta el nº 3, repetir desde el 0,35 al 2, y un juego de micro-friends C4.

• **Época:** dada su orientación noroeste y la altitud, se puede escalar cualquier día del año, evitando los meses más fríos y lluviosos del invierno (desde diciembre a marzo), aunque si se dan semanas de buen tiempo también se puede escalar en esta época. Noroeste

• **Otras fisuras de la zona:** *Papá quiero referéndum* (7c), *Way weño de la jungla* (6a+), *Saltimbanqui* (6a) y *Stalkers del Madrid Central* (proyecto). Las cuatro abiertas por Braulio Expósito y Dani Pamir. // **Braulio EXPÓSITO**

DANI CASTILLO

Lynyrd Skynyrd/Tiempos de cambio *(7a+)*

Para muchos, la mejor vía de fisura de Galayos, templo de esta modalidad. Surca la cara suroeste de la Peña del Águila, con un recorrido de 170 m dividido en cuatro largos (6a+, 7a+, 6b+ y IV). La abrió Santiago Hernández entre 1981 y 1983 con distintos compañeros, rematándola en solitario, mayormente en escalada artificial. La bautizó *Lynyrd Skynyrd*, en honor al grupo de rock del momento del que era fan, o más bien *Liner Skiner*, reivindicando su pronunciación en castellano. Ese mismo verano de 1983, Juan Lupión la escaló formando cordada con Jesús Gutiérrez, realizando solo nueve pasos en A1 y el resto en libre, y decidió rebautizarla con el nombre de *Tiempos de cambio*. En la foto, César Nieto en el L3.

HOYAMOROS

76. La línea recta
(25 m, 7b)

• **1ª asc:** Abierta en artificial en 2020 por miembros del grupo de Tecnificación Extremeño de Alpinismo en unas jornadas formativas de artificial y liberada el 20 de septiembre de 2020 por Rubén López y Juan José Cano.

Se trata de una fisura desplomada perfecta de empotramientos de manos situada en un balcón sobre la hoya glaciar de Hoyamoros, a 2200 m de altitud, bajo la cumbre del Torreón del Calvitero (2401 m).

• **Acceso:** se enmarca en la Sierra de Béjar y Candelario, Salamanca. Está ubicada en la cara Norte del Torreón del Calvitero. Para llegar dejaremos el coche en la Plataforma del Travieso (Béjar) desde donde parte el sendero que nos lleva hasta Hoyamoros por el camino de los escaladores (1h30'). Continuaremos ascendiendo por el fondo de la hoya en dirección sur hasta el fondo de la misma por el camino normal de ascenso del Torreón, en el escalón superior de la hoya remontaremos una pedrera en dirección a las paredes que bajan directamente de la cima. La vía está en su zona izquierda.

• **Material:** juego de friends hasta #2, repitiendo tallas medianas.

• **Época:** desde finales de primavera hasta que llegan las primeras nevadas de otoño. Zona alta y fría incluso en verano. Noreste, ubicada a 2200 m de altura.

• **Otras fisuras:** en este mismo sector hay cuatro líneas muy interesantes de fisura, de izquierda a derecha: *Save the children* (6a+), *La línea recta* (7b), *Josefina* (6c) y *Visión de ciegos* (6a+). // Juanjo CANO

LA CABRERA

*Ventana Baja
o Escudo del Rayo*

90. Las yemas de mis uñas
(25 m, 7c+)

• **1ª asc:** Abierta por Jorge García Tamurejo en 2008 (en artificial, en solitario); primera en libre por Palan Martín en 2018.

Se trata de una fisura de dedos muy fina y mantenida. ¿Sabes aquello que dicen que una vía baja de grado con los cacharros puestos? Pues aquí se cumple. A cada paso te cuestionas qué meter antes: ¿el seguro o los dedos? Y, mientras te decides, van subiendo las pulsaciones y se van cargando los brazos. Así hasta el final. Ah, se me olvidaba, la entrada es algo expuesta.

• **Acceso:** Para llegar a la Ventana Baja tomaremos en el pueblo de La Cabrera la carretera que se dirige al Convento de San Antonio. Unos 900 m antes de llegar al convento, dejaremos el coche en un aparcamiento de tierra a mano derecha (40.866493, -3.629741), y continuaremos a pie por la senda que, dirección N-NE, sube hacia el visible collado Alfrecho, que separa la zona del Cancho Gordo de la del Cancho de la Bola. Llegando casi a las paredes, y en una marcada zeta a izquierdas (40.875089, -3.633591), abandonar la senda y seguir hacia el noreste, en dirección al colladito que separa la Ventana Alta y la Ventana Baja (40.876805, -3.631339). Pasado el collado tenemos la pared a nuestra derecha.

• **Material:** Alien negro a Camalot #1 (Alien verde repetido), fisureros. Ball Nuts 2 y 3 opcionales. La vía está desequipada, salvo la reunión.

• **Época:** Todo el año. Orientación este-noreste. En verano se deja escalar por la tarde, en invierno por

A la izquierda, Moisés Paniagua en *La línea recta* (7b), Hoyamoros. Debajo, Palan Martín en *Las yemas de mis uñas* (7c+) en la Cabrera; y a la derecha, Guille Ballesteros en *Muerte súbita* (7c+) de la Aguja de los Tres Amigos, también en la Cabrera.

BEA DRES

PATRICIA VALERO

la mañana. Sin duda, lo mejor serán los meses de primavera y otoño.

● **Regulaciones:** la cara este de la Ventana Baja no tiene regulaciones. Aún así, sed discretos y que las aves no noten nuestra presencia, relativamente cerca hay agujas con regulación (La Bola, Aguja de los Alquimistas).

● **Otras fisuras:** justo a su derecha están *Causas perdidas* (6b) y la *Fisura del collado* (7a). En la cara este de la Ventana Alta, el L1 de la *Vía de la Bavaresa* (7a+). // Palan **MARTÍN**

Aguja de los Tres Amigos
92. Muerte súbita

(25 m, 7c+)

● **1ª asc:** Abierta por Eladio Vicente en 1994, encadenada por él mismo.

Es el diedro más impresionante de La Cabrera. Arranca fácil hasta el paso clave: rodear el techo para pasarte al diedro. A partir de aquí se suceden los empotramientos de rodilla, cerrojos y presas pequeñas para los dedos y escalada en X. No olvides reservar energías para el paso de arriba. Aunque esta línea visionaria pasó casi 20 años olvidada de manera inexplicable tras su apertura, hoy en día se ha convertido en toda una nueva clásica, con más de 25 repeticiones, algo excepcional para un 7c+ de auto-protección, destacando el a vista de Sean Villanueva en enero de 2015.

● **Acceso:** Para llegar a la Aguja de los Tres Amigos lo mejor es tomar la salida 60 de la A1. Después recorrer la calle de la Encerrada hasta un aparcamiento de tierra a mano izquierda (40.873727, -3.615945). Enfrente del aparcamiento tomar la senda que sube hacia las agujas.

100 FISURAS RECOMENDABLES

✚ INFORMACIÓN

[1] *Escalada clásica y deportiva en el Circo de Gredos,* Juan José Cano.

[2] *Gredos Occidental. Escalada clásica,* Juan José Cano.

[3] *Escaladas en la Comunidad de Madrid y alrededores,* Tino Núñez.

[4] *Escaladas en el Sistema Central,* Tino Núñez.

[5] *Salamanca. Guía de escalada,* Daniel García y Mariano López.

[6] *Gredos. 350 escaladas en el Macizo Central,* David Esteban Resino.

[7] *La Pedriza Posterior,* Ana Lliso *Júper* y Juan Carlos Guichot *Papila.*

[8] *Gredos, Escalada deportiva,* Raúl Lora.

[9] Los croquis del Yelmo de San Martín, Cadalso de los Vidrios, Navatalgordo y Navalacruz se pueden comprar directamente a Braulio Expósito: *braulioexposito@gmail.com*

[10] *Riscos de Villarejo,* Gabriel Martín y Chema Mancebo.

[11] *Albujea y Torozo,* Gabriel Martín y Chema Mancebo.

[12] Los croquis se pueden adquirir en la página *www.lapirca.es*

[13] *https://guiasdegredos.com/las-mesas*

[14] *https://guiasdegredos.com/cabeza-del-madrono*

[15] *Guía de Valcorchero,* de venta local.

[16] Revista *Desnivel nº 121, 126 y 275* y en el blog de Roger Molina: *https://locosporlatapia.com*

[17] Blog: *https://paredesdelmundo.blogspot.com*

DANI CASTILLO

GAPE *(7c+)*

Abierta en 1971 por Julio Armesto, José Luis Cámara, José Luis Tordesillas y Laureano Sanz, en artificial. La primera en libre, con los seguros preinstalados, la hizo Javi Cano en 2011, proponiendo 7c, mientras que el primero en encadenarla poniendo los seguros desde abajo fue Samuel Gómez, que lo subió al 7c+ actual. Es un perfecto y técnico diedro de 35 metros ubicado en el Risco del Fraile, pared que guarda otras selectas fisuras como la *Ramiro Figueroa* (6b), *El aprendiz* (6b+), *Los cinco anillos* (6c), *El libro del Viento* (6c), *El arte del cerrojo* (7a) o *Gambarismasu* (7b+). En general están limpias, con las reuniones equipadas para rapelar.

Llegados a la Aguja sin Nombre, rodearla por su base hacia la izquierda, para luego remontar la canal hasta la base de la vía (40.878956, -3.619539).

- **Material:** la vía cuenta con 2 chapas al inicio, el resto se protege muy bien con fisureros y friends pequeños (Tótem negro a morado), así como un 0.75 o un 1 para el tramo final. Los fisureros son imprescindibles. Tiene reunión arriba.

- **Regulaciones:** la Aguja de los Tres Amigos se encuentra regulada por nidificación entre el 1 de enero y el 31 de julio. Antiguamente la regulación afectaba únicamente a la cara oeste, en la actualidad esta se ha extendido a toda la aguja.

- **Época:** de octubre a diciembre. Es cara este, en los meses de agosto y septiembre la sombra está garantizada por las tardes.

- **Otras fisuras:** en esta misma aguja se encuentran *Metamorfosis* (7a+), *El triunfo del miedo* (6b+), *Fisura del trueno* (6b+), *Bécquer-Casquet-Vivanco* (8a/+), *La Conjura* (6c). // Palan **MARTÍN**

A la derecha, Javi Cano en la primera en libre de *Niño Pony* (8a), en Solana de Ávila. Izquierda, Juanma León en el diedro GAPE (7c+) del Risco del Fraile.

SOLANA de ÁVILA
Sector Perlas Rojas
95. Niño pony *(25 m, 8a)*

• **1ª asc:** Abierta en artificial en 2011 por Juan José Cano y liberada el 20 de julio de 2013 por Javier Cano.

Se trata de una fisura desplomada ubicada en uno de los mejores sectores de la zona. Se caracteriza por una protección con piezas predominantemente pequeñas y movimientos donde destacan los cerrojos de dedos. Dispone de una salida directa que aumenta en un plus su dificultad. En estos últimos años ha sido repetida por varios escaladores que han confirmado la calidad de su trazado.

• **Acceso:** Está ubicada en el Sector Perlas Rojas de Solana de Ávila, en la sierra de Gredos. Para llegar dejaremos el coche en la Central Hidroeléctrica del Chorro, desde donde parte el sendero PR-AV41 que nos lleva a la Laguna del Duque (30'). Bordearemos esta por su lado derecho y continuaremos hasta su cabecera, remontando desde ese punto el arroyo Malillo hacía el fondo del valle unos 800 m. Desde este punto cruzaremos el arroyo a la izquierda encaminándonos a una zona de escalada con grandes techos y desplomes, muy característica, llegando al sector (1h 15' aprox)

• **Material:** juego de Aliens, Friends #0'5 - #1, fisureros.

• **Época:** lo mejor es primavera y otoño, pero, debido a su orientación Este y a su altitud, se puede escalar las tardes de verano. Recibe sombra a partir de las 12:30 h.

• **Otras fisuras:** En el sector hay rutas impresionantes de todos los estilos hasta 8c+ (*Perla negra*), predominando la escalada en granito desplomado. Como fisuras destacadas se encuentra la *Welcome to Hell* (7b+). // **Juanjo CANO**

JUANJO CANO

Barranco de la Hoz

Lugar único por su roca arenisca rojiza, mezclada con conglomerado en su inicio, que ofrece una escalada limpia muy característica. El escalador Curro González comparte las que, en su opinión, son las tres fisuras imprescindibles de este bello cañón. Hay muchas más y la tranquilidad suele estar asegurada. Atención a las regulaciones.

Yo nunca he sido un gran escalador de fisuras, por eso creo que me gustan tanto, tengo mucho que aprender y escalar. Cuando topé con el Barranco de la Hoz pronto me vinculé a él, ya que tenía todos los requisitos que me gustan y atraen: soledad, aventura, exposición y, por supuesto, fisuras. Estas son tres de mis favoritas, pero no las únicas.

• **Regulaciones:** El Barranco de la Hoz es una zona de escalada regulada; no se puede escalar del 1 de enero al 15 de agosto. Los mejores meses para la práctica de la escalada son septiembre y octubre (los demás meses suelen ser bastantes fríos, aunque también se pueden aprovechar).

Fisura del Pozo del Infierno *(60 m 6a+)*
• **1ª asc:** Carlos, Mikel y Míquel, el 30 de septiembre de 1997.
Es una fisura bien visible desde la carretera, de hecho se encuentra ubicada a escasos metros de esta.
• **Acceso:** Para llegar, tomaremos la carretera GU-958 que atraviesa el barranco en dirección a la Ermita de la Virgen de la Hoz; la fisura se encuentra ubicada en el margen izquierdo, en las inmediaciones de un pequeño parking. Para llegar a pie de vía deberemos cruzar el río Gallo, para más tarde encontrar una flecha picada (que indica el comienzo) entre la yedra de la pared.

El primer largo supera un pequeño muro desplomado y continúa por una sucesión de fisuras con tendencia a la derecha, hasta llegar a una repisa a pie de la característica fisura del segundo largo (clave de la vía, un disfrute asegurado).
• **Descenso** en rápel desde el característico pino.
• **Material:** Llevar juego de Aliens y friends hasta el 4, repitiendo desde 1.
• Por su ubicación (sombra por la mañana), resulta perfecta para comenzar por ella si nuestra intención es enlazar las tres propuestas en la misma jornada.

FOTOS: CURRO GONZÁLEZ

En la Punta del Gusano
Caballo Loco *(110 m, 6b+)*
• **1ª asc:** Perico y Miguel el 10 de agosto de 2003.
Una de las grandes clásicas de la zona. Su dificultad puede variar considerablemente según afrontemos los primeros metros de escalada por el conglomerado (por el exterior es más sencillo, pero más expuesto).
• **Acceso:** Para llegar, tomaremos la carretera GU-958 que atraviesa el barranco en dirección a la Ermita de la Virgen de la Hoz; la fisura es evidente y se encuentra ubicada en el margen derecho. Dejaremos el coche a la entrada del barranco (parking habilitado) y continuaremos andando unos minutos por la carretera hasta situarnos debajo de ella.
La ruta supera la sucesión lógica de fisuras y canales entrecortadas por algunos bloques, existen diferentes posibilidades de emplazamiento de reuniones. Encontramos una variante de salida, que consiste en una salida por la derecha, aprovechando una fisura que surca un

pequeño techo (precaución en los primeros metros de escalada si optamos por esta variante).
• El **descenso** se realiza andando y optando por el mejor terreno en busca de la carretera.
• **Material:** juego de Aliens y dos juegos de friends hasta el 4.
• Por su ubicación (sombra por la tarde), resulta perfecta para combinarla con alguna fisura del margen izquierdo.

En la Punta Buitre
Todo es de color
(100 m 6a+)
• **1ª asc:** Conrado y Míquel el 15 de mayo de 2004.
• **Acceso:** Mismo acceso que para *Caballo Loco*.
Otro magnífico itinerario de escalada agradecida, algo más exigente que la anterior, pero muy recomendable. La escalada guarda las características de sus vecinas, primeros metros de conglomerado para pasar a la arenisca tipo Utah. Aún encontrándose en el interior de una gran canal-chimenea (a la

Derecha, Curro González en el L1 de *Caballo Loco*. A la izquierda, la pared donde se ubica la vía *Pozo del infierno* (con la característica fisura fina que se distingue en el paño de roca gris); y abajo, Miguel Monje escala *Todo es de color*.

izquierda de la *Caballo Loco*), la escalada se desarrolla por una sucesión de diedros y fisuras de gran calidad (un disfrute asegurado) con entidad propia.

• El **descenso** se realiza andando por el mejor terreno posible y en busca de la carretera.

• **Material:** juego de Aliens y dos juegos de friends hasta el 4.

La selección de estas tres fisuras es una buena introducción a la escalada en el Barranco de la Hoz, pero existen otras muchas alternativas. A grandes rasgos y si dividimos el barranco en el sector izquierdo y derecho (en sentido de la marcha por la carretera y desde la localidad de Corduente), encontramos otras grandes clásicas, donde podríamos destacar las siguientes (listadas en el orden en las que las vamos encontrando:

En el SECTOR izquierdo
La Peña del Agua:
Bustacazo y *Pañoleta blanca*.

En el SECTOR derecho
Punta del Buitre:
Zarrapatrusta, Bájense que les denuncio, Herpes.
Punta del Féretro: *Féretro*.
Roca Iris: *Sin cuerda y con zapatos*.

Curro GONZÁLEZ

➕ INFORMACIÓN

• La información de la zona es escasa, hay poco publicado. En alguna guía de escalada descatalogada (*Las 100 mejores escaladas de la zona centro*, ed. Barrabés) y en diferentes blogs y webs de montaña podemos encontrar algo de información:
• www.sobreescalada.com
• www.alto-tajo.com

CARMEN MARCHENA

San Bartolo, Alcandoras, El Chorro y Cahorros

Hemos pedido al escalador malagueño Pedro Soto, un referente de la escalada en pared desde hace un par de décadas, la difícil tarea de seleccionar un puñado de itinerarios para disfrutar con los friends por la roca andaluza. Aquí nos presenta un total de doce fisuras para abrir boca y seguir descubriendo.

PERSONALMENTE, soy un apasionado de la escalada tradicional, siempre me ha gustado la pared, la apertura de nuevos itinerarios y el vínculo que tienes con tu compañero/s de aventura. Me encantan las fisuras, ya que son los caminos evidentes de la pared y donde menos hierro vas a dejar. Esta selección de fisuras de Andalucía contiene algunas vías que, de un modo u otro, forman mi trayectoria como "escalador-trepador-montañero". Espero las disfrutéis mucho.

SAN BARTOLO
(Cádiz)

San Bartolo es una preciosa escuela de escalada situada a pocos kilómetros de Tarifa. Lo que la diferencia sobre muchas zonas andaluzas es su roca, tiene una excelente arenisca que nos da fisuras perfectas y líneas increíbles.

Se puede escalar durante todo el año y no existen restricciones.
- **Más información:** En la guía *Escalar en Cádiz,* de David Munilla. También en **www.betijuelo.net** y en el blog **sotoclimb.**

Os dejo 5 itinerarios que me parecen recomendables, todos ellos en la zona norte, aunque existen muchos más en la zona.

Sector Buitres
Equinoccio *(6a, 60 m)*
(L1 6a, 15 m. L2 V+, 15 m. L3 6a, 30 m).
- **1ª asc:** Andrés Ortega y Javier Rodríguez Gordillo (julio 1984).
- **Material:** Juego de friends hasta el 5# (si no se quiere chapar los buriles del L2 o los del L3) y algún fisurero.

Precioso recorrido, audaz y sinuoso, que surca todo el sector Buitres de izquierda a derecha. Largos cortos, variados y técnicos. De lo mejor en fisuras de esta escuela en el grado de 6a. Nos encontraremos en sus largos algún espit o buriles, supuestamente no colocados por los aperturistas y de origen desconocido, aunque se puede prescindir de ellos.

Árabe loco *(Vº, 40 m)*
- **1ª asc:** Desconocidos, supuestamente escaladores catalanes, a finales de los 70.

Es la primera vía del sector Norte de San Bartolo, siendo la más evidente, ya que parte la pared de Buitres por la mitad junto con la vía *Reviéntate los zezos con una bala.* Aunque no hay datos al respecto, se comenta que pudieron salir por el L3 de *Equinoccio,* abierto posteriormente.
- **Material:** Juego de friends hasta el 4# (5# opcional).

Reviéntate los sesos con una bala *(6b+, 35 m)*
(L1 6b+ 16 m. L2 6a, 19 m).
- **1ª asc:** Antonio Béjar (parte en solitario) y Jairo Pérez, 1993.

La ruta comienza en la repisa central característica de *Buitres*, hay que acceder a través de alguna ruta, lo más evidente es por *Árabe Loco.* Tiene una reunión en mitad del largo, de donde sale también a izquierdas un largo fácil. Cuando se abrió, al no disponer de friends grandes, se colocaron buriles, pero se puede

DIEGO ADRADOS

Derecha, Fran en el L3 de *Equinoccio* (6a). Debajo, Ricardo Sánchez en *Reviéntate los sesos...* (6b+), y más abajo, Miguel Abellán en *Árabe Loco* (V). A la izquierda, Pedro Soto en *Trigonometría* (8a). Una buena muestra de la variedad de fisuras que encontramos en la zona gaditana de San Bartolo.

MANUEL GÓMEZ TRUJILLO

FOTOS: ANTONIO BÉJAR

realizar sin usar ninguno. Escalada variada donde pasaremos de fisura ancha a chimenea, paso de offwidth, bavaresa y empotres de puño.
• **Material:** Juego de friends hasta el 6# (opcional repetir 5# y 6# según nivel y si se quiere hacer en una sola tirada), fisureros opcional, chapas recuperables opcionales si no se tienen friends de tallas grandes.

Sector Amantes del círculo polar
Trigonometría (8a, 40 m)
• **1ª asc:** Carlos Hernández y Pedro Soto (3/08/2014), primera en libre por Pedro Soto (13/12/2014).

Recorrido sinuoso a través de una fisura que surca este gran peñasco, situado en la parte más alta de la escuela de San Bartolo. Desde el parking de Buitres podemos verlo

claramente. Para acceder lo mejor será dejar el coche en la parte sur de San Bartolo (Betijuelo) y caminar por un carril que termina y con algo de intuición llegaremos al sector. Hace poco se quemó la zona y es más fácil el acceso.

Tiene dos partes bien diferenciadas y cruza una antigua vía deportiva de dos largos cortos justo por la reunión (se puede chapar la reunión o colocar dos piezas del 2# trianguladas). Para escalar la vía utilizamos dos cuerdas finas de 9 mm, con la atada a la izquierda realizamos la primera parte (6a+). Al llegar a la reunión (opcional chaparla o instalar seguros flotantes), se cambia de cuerda para escalar (se desatan la anterior), así se minimiza el roce para ir cómodo en la segunda parte

de la ruta (8a), una gran travesía horizontal en fisura de dedos para quebrar por un techo fisurado. No existe reunión final, en lo alto del gran bloque se puede hacer reunión con Friends 3# en el suelo.

Una joya de la autoprotección, el nombre se debe a la creatividad para no tener roce en sus 40 m de recorrido.
• **Material:** friends desde 00# hasta el 3#, repetir microfriends y cintas muy largas para manejar el roce de cuerda.

ALCANDORAS
(Jaén)
Alcandoras es un paraíso para la escalada tradicional y probablemente la mejor zona en Andalucía para este estilo de aventura. Tiene vías de todo tipo (artificial, libre y

mixtas), vías cortas y de pared, fisuras, diedros, placas y calidad de roca en la mayoría de los itinerarios.

• **ATENCIÓN** la zona de Diedros del Sol, está en una finca privada, conviene pedir permiso antes de escalar, para no tener problemas (en: haciendasantacristinajaen @gmail.com).

Además de las reseñadas aquí, otras fisuras recomendables en la **zona de Diedros del Sol** son: *Diedro Leones, Diedros del Sol-Carlitos, San Marcos* y *Diedro Judas*. A estas se suman, en la **zona de Alcandoras**: *Temor de Dios, Bandarlog, Elohin, Pilar de María Luisa, Lobo Estepario, Tucán/Treintagenarios* y *Amalgama*. Los amantes de las fisuras tienen buen terreno de juego.

• **Más información:** en la guía *Escalada en Jaén* de Néstor López y en la guía de escalada *Tajos de las Alcandoras* de Rubén De Francisco (actualmente agotada).

Zona Diedros del Sol. Sector San Mateo
Doctorado *(7c+, 50 m)*

• **1ª asc:** Rubén De Francisco 2008. 1ª en libre por Rubén De Francisco en 2009.

Entrada por la vía *El Tránsito*. Magnífica vía casi toda en fisura donde tendrás que dar lo mejor de ti. Espectacular. En la parte baja

FOTOS: IVÁN JARA

tiene un Knife Blade de progresión, y la protección es difícil de ver, no se puede fallar.

• **1ª asc:** Fisureros y microfriends 3 juegos, friend 1#.

San Mateo *(6b+, 100 m).*
(L1 III, 30 m. L2 V°, 25 m. L3 6b+, 20 m. L4 6b+, 25 m)

• **1ª asc:** Fernando García, José Mesía 21/09/1977 (original), en 1979 Ramón Fernández abre la línea toda recta por el diedro y la escala en libre.

Vía excelente, que se puede realizar prácticamente entera con material flotante, lástima que está reequipada con más expansiones de las que tenía originalmente.
Atención en el L1: es fácil, pero tiene roca suelta. En la parte alta el

friend del 4# es pequeño y el 5# no entra, se puede hacer limpia, pero algo expo el L4, también tiene la opción de las chapas.

• **Material:** 2 juegos de friends hasta el 2#.

EL CHORRO
(Málaga)

En esta gran escuela tenemos muchas fisuras buenas, la pena es que con el paso de los años se han prohibido muchas zonas y ya nunca se podrán repetir. De lo mejor en mi opinión sería el L1 de la *Kalimba de luna* y una combinación que sería *Aparcamiento indebido* + parte superior de *Rayito de luna*. Son las que describo a continuación. Otras fisuras buenas serían *La Estrella del sur, Diedro Hércules, Cuatro Esta-*

ciones, *Dahirninja, Manolo Wonder* y *Espolón Masay*.

• **Más información:** en la guía de *El Chorro* de Javier Romero Rubiols y en la reciente *Guía de escalada deportiva en el Chorro*, de J. Mancera y J. Hofer.

Zona Placas del Olimpo o Placas de La Cantera
Kalimba de luna
(L1, 7b/c 40 m).

• **1ª asc:** Antonio Gámez y Miguel Moya 1986, mezclando libre y artificial (V+/A2). Primera en libre 2012 por Dani Gaona. Zona Placas del Olimpo o Placas de La Cantera.

Largo técnico y mantenido que aún conserva algún clavo casero antiguo de su apertura. Se puede realizar totalmente limpio sin utilizar

En *Kalimba de Luna*, vía de cuatro largos del sector Placas del Olimpo, en El Chorro, que comenzaron a abrir a finales de los 70 Clemente González y escaladores de Málaga, pero se quedó sin terminar por falta de material. En el 86 Antonio Gámez y Miguel Moya la terminaron en artifo/libre (V+/A2) y en 2012 Dani Gaona liberó el L1 (7b/c), que escala Pedro Soto en esta foto. Pág. izda, arriba, Rubén de Francisco en *Doctorado*, y abajo el mismo en *San Mateo*.

José Juan Bastos 'Polli' en el L5 de *Rayito de Luna* (6c), zona Cerro Cristo de El Chorro.

los clavos (5 en total), solo con material flotante.
● **Material:** 2 juegos de fisureros y un juego de Tótems desde el negro al naranja.

Zona Cerro Cristo
Rayito de Luna *(6c, 175 m)*
(L1 Ferrata 30 m. L2 6a+, 40 m. L3 V+/6a, 30 m. L4 6a, 10 m. L5 6c, 40 m. L6 V+, 25 m).
● **1ª asc:** Andrés Ortega y Rafael Rubio en abril del 1984. Primera en libre por José Ventura "Keko" en 1986.

Una de las clásicas imprescindibles de El Chorro, recorre la evidente fisura diagonal (actual L5) del Cerro Cristo. Hoy día se realizan los largos diferentes a los de la apertura. El acceso se realiza por una tirolina instalada en el 84 por Miguel Moya y Antonio Gámez (a día de hoy reequipada). Al finalizar la tirolina nos encontramos con el primer largo de la vía V+, hoy día destruido por una especie de "cable ferrata cutre" que da acceso a una evidente repisa donde comienzan otras vías como Aparcamiento indebido. El L5 es la joya de la vía, 40 m de fisura diagonal a izquierdas, ojo en los primeros metros donde existe un parabolt en un resalte vertical para entrar en la fisura, tramo algo expuesto con potencial caída a la repisa inclinada.
● **Material:** 2 juegos de friends hasta el 4# y fisureros.

Aparcamiento indebido
(6c, 60 m)
(L1 6b 23 m- L2 6c, 37 m)
● **1ª asc:** Miguel Moya y Carlos Pérez en 1988, fue abierta totalmente en libre.

Otra clásica imprescindible de El Chorro, ideal para combinarla con la parte superior de la ruta Rayito de Luna. Se accede igual que para la anterior ruta mencionada, pero va a la izquierda hasta la gran repisa. El L2 es el mejor, donde disfrutaremos de una escalada atlética para superar en travesía un pequeño techo, seguido de un diedro con fisura ancha y al final tramo fino de placa.
● **Material:** Juegos de friends hasta el 5#, alguna pieza mediana repetida y fisureros.

PEDRO SOTO

FOTOS: COL. JUAN MANUEL GARCÍA

Izquierda, Antonio Tarajal en el L2 de *Aparcamiento indebido* (6c). Derecha, en *Osiris* (año 1984), debajo en *Las Yagas* (1985), y abajo en la *Fisura de la Araña* (1984); las tres del escalador Juan Manuel García (primer octavogradista español, en 1986).

• **1ª asc:** Antonio José Herrera en los 70. 1ª Libre A.J. Herrera.

Bonito recorrido de dos largos, donde el primer largo es el clave de la vía (7a+), atlético y de difícil colocación de las piezas. El segundo largo es una preciosa fisura diagonal (6c) a izquierdas bajo un gran techo, con paso curioso al final.
• **Material:** Juego de Tótems del negro al naranja. Fisureros.

Sector Faraón
Osiris *(7b+, 25 m).*
• **1ª asc:** Antonio José Herrera, finales 70. Juan Manuel García, 1ª en libre en abril 1984.

Línea de fisura futurista para esos tiempos, es una gran lastra pegada a la pared que delimita por la derecha *La Jirafa* y por la izquierda *La Osiris*. En su apertura estaba todo el recorrido limpio a excepción de un buril en su parte superior, el cual se sustituyó por un espit antes de ser liberada. Se puede acceder por el L1 de *El Faraón* o rápel desde la reunión de la fisura de *La Jirafa*.
• **Material:** A día de hoy está completamente equipada.

Sector del Palo
Las Yagas *(7a, 50 m)*
• **1ª asc:** Antonio José Herrera, finales 70. 1ª libre A.J. Herrera.

Primer largo curioso y más fácil que el segundo (tiene alguna chapa), y segundo largo muy bueno con fisuras variadas de empotre de dedos, manos y puños. Largo atlético y de decisión.
• **Material:** juego de friends.

Y hasta aquí llega la pequeña selección de vías de fisuras andaluzas que me parecen relevantes, pero destacar que hay muchísimas más por disfrutar y seguro de gran calidad. Agradecer a Juan Manuel García, Rubén De Francisco, Antonio Béjar y a Manuel Gómez Trujillo su ayuda e información puntual para este pequeño artículo. ¡Buenas escaladas!

Pedro SOTO GUERRERO

LOS CAHORROS
(Granada)

Los Cahorros es una de las escuelas de escalada pioneras en España, donde ya en los años 70 se abren líneas futuristas, muchas de ellas a cargo del inquieto y gran escalador José Antonio Herrera. La morfología de la roca hace que existan numerosos itinerarios de fisura, todos ellos abiertos y escalados en esos años (70 y 80) casi sin expansiones, ni seguros fijos. Es una pena que, a día de hoy, muchos de estos itinerarios han sido destrozados con equipamiento fijo y sin respetar a sus aperturistas ni al estilo de la apertura. Además de las fisuras aquí reseñadas, otras recomendables son: *Cleptomanía, Los Tacos, Los Loscos, Cleopatra, Faraón, La jirafa, Espolón del Palo* o *El avispero*.

Podremos encontrar algo de información en la guía *Escalada en Granada* de Pablo Gómez, aunque algunos de los itinerarios clásicos puede que no estén detallados.

Sector Araña
Fisura-Techo de la Araña *(7a/+, 40 m)*
(L1 7a/+, 15 m. L2 6c, 25 m).

Tabares y Guaria

El escalador y activo aperturista tinerfeño Javier Martín-Carbajal nos ofrece unas pinceladas históricas de la escalada de autoprotección en la isla y nos recomienda cuatro fisuras imprescindibles.

FOTOS: COL. JAVIER MARTÍN-CARBAJAL

ENTRANDO en la década de los 80 del pasado siglo se produjo en todo el territorio nacional un cambio de concepción en la forma de entender la escalada, irrumpió con fuerza la nueva corriente del *free climbing* o escalada libre. Tenerife, pese a estar aislada del territorio peninsular y no tener la facilidad de las comunicaciones de hoy en día, no se quedó atrás. Un grupo de escaladores liderados por Pablo Castilla y Eduardo T. Bazzochi encontraron en las fisuras basálticas de la zona de Tabares (Valle Jiménez) terreno perfecto para esta nueva forma de entender la escalada, liberando las vías de escalada artificial de la generación anterior y abriendo nuevas rutas de escalada libre.

Una de las primeras, la fisura de la *Macrocalma* VI inf (6a) en Tabares, se convirtió en el emblema de esos primeros años cuando se empezó a desarrollar la escalada libre de dificultad. En seguida vinieron otras, algunas bautizadas con nombres inspirados en el célebre libro de Meyers, con los escaladores americanos, sus pintas, fisuras y empotradores. Vías como el *Diedro de Yablonsky* VI-, la fisura

Yosemite VI o la icónica *Butterfinger* catalogada de VI sup y graduándose hoy como un buen 7a. No tardaron en llegar los VII sup de la *Atómica* y la *Metallica*, hoy 7b y 7b+ respectivamente, y las fisuras de la pared de Enfrente. La escalada de esos años quedó reflejada en un artículo publicado en el nº 10 de la revista *Desnivel* de 1983 titulado *Escalada de dificultad en Tenerife*, donde incluso se mostraban fotos de estos escaladores pioneros haciendo estas vías sin cuerda.

Han pasado más de 40 años y es obligado pararse a reconocer y admirar el nivel alcanzado en esos años. Hoy Tabares, pese a su entorno descuidado por su proximidad al área metropolitana, se presenta como una buena zona de escalada de autoprotección de no mucha altura, entre 10 y 30 metros,

Derecha, Javi en el L1 de *Diedro Negro* (6a+), en Guaria. Abajo, autorretrato de los 80 de Eduardo T. Bazzochi y Pablo Castilla, precursores de la escalada libre en Tenerife. Pág derecha, Alexis y Tadeo en *Ataúd vacante* (6b).

COL PABLO CASTILLA

Ataúd Vacante

El mejor directo del rock canario siempre estará vivo en esta fisura de la pared de enfrente de Tabares, la *Ataúd Vacante*, nombre dedicado por sus aperturistas, Pablo Castilla y César Acosta, a este legendario grupo de punkrock tinerfeño que nos hizo brincar a mediados y finales de los 80. Y es que la escalada (de antes) y el rock siempre fueron de la mano, eran vehículos de escape y rebeldía para aquellos jóvenes de los ochenta.

(20 m, 6b). **Material**: friends repetidos y empotradores hasta Camalot nº 1.

6b+) o *Bienvenido a Guaria* (7a), como las más representativas.

Es también obligado mencionar el terreno alpino de las Cañadas del Teide, a más de 2000 m de altitud, donde podemos encontrar vías de fisura formando parte de las rutas que surcan sus roques y paredes, como el roque de la Grieta, Montaña Guajara o el Torreón Figueroa.

Otras joyas de fisura nos aguardan; aquí aparece solo lo ya publicado dado que la escalada, en general, está cada vez más amenazada por las prohibiciones, en muchos casos redactadas sin un criterio objetivo.

A la izquierda, Santi Martín-Carbajal apretando en *Butterfingers* (7a+), en Tabares. Abajo, Diego Méndez en los pasos más duros de *Bienvenido a Guaria* (7a), y a la derecha, Tadeo Soler en los empotres de *Macrocalma* (6a), en Tabares.

GUARIA

- **Acceso:** Entre Adeje y Guía de Isora, cercano al pueblo de Tejina de Guía, están las casas de Acojeja. Subir hasta la última calle y continuar por la fuerte subida de El Choro. Aparcar en los alrededores de las últimas casas (sin estorbar). Un sendero, sucio al comenzar, que pasa por detrás de la última casa, nos llevará en 15' al pie del risco.
- **Regulaciones:** Escalada regulada, hay que solicitar permiso, lo que se puede hacer con código QR a la entrada de la zona de escalada.

Sector Utah
Bienvenido a Guaria
(25 m, 7a)

- **1ª asc:** Ralph Kammerlander/ Javier M-Carbajal.
Comienza por 3 parabolts para continuar por una fisura de empotres de dedos y presas, con el paso más difícil llegando a la reunión.

con placas equipadas que en algunos casos desvirtúan las fisuras por la cercanía de sus expansiones.

Pablo fue el primer escalador canario que viajó a la capital mundial de fisuras de esos años, las fisuras *yankys*. Para prepararse buscó nuevas fisuras que escalar; las encontró en compañía del escalador sureño Francisco Reyes y abrieron difíciles vías en la zona del risco del Muerto y Las Vegas. Aún no había irrumpido con fuerza la escalada deportiva; esta lo hizo poco después, en el sur de la isla, en la zona de Arico, donde algunas vías transcurrían por terreno fisurado. En ese momento las equipamos con seguros fijos dado que se encontraban en zonas deportivas, todavía hoy no sé si hicimos bien o mal... Actualmente se sigue la misma manera de proceder y son las menos las que se quedan para la escalada limpia.

En el oeste isleño se encuentra una de las grandes zonas de la isla: el risco de Guaria. Durante los 90 y la primera década del presente siglo fue un lugar intimidante y poco frecuentado dado los alejes de los seguros fijos, las vías semiequipadas y algunas fisuras de autoprotección. Sin embargo, en la actualidad presenta una escalada más amable con la creciente parabolización. Aun así, siguen destacando las fisuras del fantástico *Diedro negro* (L1 6a+, L2

- **Material:** juego de friends, con semáforo de Alien.

Diedro Negro
(L1 25 m 6a+, L2 25 m 6b+)
- **1ª asc:** Delfino Méndez "Nene"/Antonio R.Villar.
Fisura de dedos en bavaresa, ensanchándose en el segundo largo.
- **Material:** juego de friends hasta el amarillo Camalot (nº 2) con semáforo de Alien.

TABARES
- **Acceso:** Desde la rotonda de correos de la Cuesta parte una carretera hacia Valle Tabares y Valle Jiménez. La seguimos, llegamos a Valle Jiménez, a la altura del km. 7 existe una entrada a la derecha que es el Camino del Toscal, por donde entramos y llegamos enseguida a los diferentes sectores.
- **Regulaciones:** ninguna.

Sector Tubería
Butterfingers
(11 m, 7a/+)
- **1ª asc:** artificial liberado por Castilla/Bazzochi.
Fisura de dedos.
- **Material:** friends de tamaño pequeño o empotradores.

Macrocalma *(20 m, 6a)*
Sector Macrocalma.
- **1ª asc:** Castilla/Bazzochi.
Fisura de manos y empotres de dedos al finalizar.
- **Material:** friends de tamaño mediano y alguno pequeño arriba.

Javier MARTÍN-CARBAJAL

INFORMACIÓN

- *Guía Tenerife Escalada Deportiva,* por Javier Martín-Carbajal y Juan Carlos Zamora. Ed. Turquesa, 2010.
- Artículo de Guaria en revista *Desnivel nº 334* y de Tabares en revista *Desnivel nº 293.*

Escoge bien a tus amigos

Hace ya 47 años que el secreto de Ray Jardine fue desvelado y más de veinte que la patente pasó a ser de dominio público. Sin ser abrumadora, hoy encontramos en el mercado una cantidad variada de modelos entre los que escoger. Tratamos en este artículo de exponer objetivamente las cualidades de cada uno.

ESTE artículo no pretende ser una comparativa entre los distintos tipos de friends ni dar una valoración subjetiva. Más allá del uso recomendado por el fabricante, cada modelo será más o menos eficaz según el tipo de emplazamiento, roca y pericia del escalador. El objetivo es principalmente dar una visión global de la oferta actual. Aclarar antes un par de conceptos:

El ángulo de las levas (*camming angle* en inglés) se refiere al ángulo de las levas en relación con el eje del dispositivo. Si es más amplio implica que las levas se extienden más hacia afuera desde el eje central cuando se activan. Esto puede aumentar la superficie de contacto con la roca y proporcionar un mejor agarre en una variedad de tamaños de grietas. Cuando es más estrecho, las levas no se extienden tan lejos desde el eje central del friend, lo que puede ser ventajoso en fisuras muy estrechas.

Uno o dos ejes: hay friends que tienen un solo eje que se mueve dentro del cuerpo del dispositivo para expandir o contraer las levas por medio del gatillo. Este sistema fue el primitivo y aún se usa en los tamaños de friends pequeños. Mien-tras que los de doble eje, como su nombre indica, tienen dos ejes móviles dentro del cuerpo del dispositivo, lo que permite una mayor adaptación a diferentes emplazamientos.

Offset o asimétricos: es cuando combinan dos tallas en un solo friend (cada par de levas corresponde a un tamaño). Ofrece así una solución para cuando queremos repetir dos tamaños que usamos más a menudo, y ofrece buen funcionamiento en las fisuras con bordes no simétricos.

Wild Country, los primeros

El mencionado Ray Jardine, escalador e ingeniero estadounidense, se alió con el británico Marc Vallance, quien los comercializó por primera vez en su recién fundada compañía Wild Country, en 1977. Desde entonces han ido incorporando mejoras y nuevos materiales. Actualmente ofrecen tres modelos: el tradicional **Friend**, de doble eje, que fabrican en siete tallas (0.4 a 4). Para completar la protección en emplazamientos más pequeños, lanzaron los **Zero Friends**, de un solo eje, indicados para las fisuras estrechas y pequeños agujeros. Están disponi-bles en seis tallas, de 0.1 a 0.75. Además, en su colección tienen también los **Off-set**, de un solo eje pues son las mismas levas de los Zero Friends pero combinando dos tallas en uno. Los friends de Wild Country se tomaron como referencia y muchas marcas han seguido un código de colores similar para los tamaños más usados: rojo, amarillo y azul para las tallas 1, 2 y 3 respectivamente. Por deba-jo del nº 1 se consideran "microfriends".

Camalot de Black Diamond, los primeros de doble eje

Fue el estadounidense Tony Christianson quien ideó la in-novación de incluir dos ejes en los friends, dando lugar al naci-miento del Camalot, comerciali-zado por primera vez en 1987 por Black Diamond. Antes de esta fecha, la compañía original, aún bajo el nombre de Chouinard Equipment, ya había lanzado los Hexcentrics y los Stoppers a principios de los años 70, que supuso un avance para la escalada limpia, pero lo que marcó la dife-rencia fueron los Camalot. Cosecharon un éxito inmediato que desde entonces no ha decaído, con sucesivas mejoras. Actual-mente la línea que comercializan es la **Ca-malot C4** (lanzada en 2019), que son los tradicionales pero aligerados, con nuevos diseños de levas y materiales. Están disponi-bles en 12 tallas: desde 0,3 a 8. En las tallas más grandes (nº 4 a 8) disponen de un sistema que mantiene las levas cerradas, facilitando su transporte. Desde 2016 ofre-cen también los **Camalot UltraLight**, de doble eje y un 25% más ligeros. Están dis-ponibles en siete tallas: de 0,4 a 4. Y en

COLECCIÓN FIXE

Alessandro Baù en las míticas fisuras de la *Eternal Flame*, en la Torre Sin Nombre del Trango, Karakórum. Página izquierda, arriba, un friend Camalot Z4 con su particular vástago, y abajo, emplazando un Alien X de la nueva generación.

2020 incorporaron la línea **Camalot Z4**, para fisuras pequeñas, que conserva el doble eje e incorpora un innovador sistema de vástago que permanece rígido al colocarlo, pero se vuelve flexible al escalar. Están disponibles en siete tallas, del 0 al 0.75. En todos los casos, con su respectivo código de colores y cinta a juego.

Alien, *made in Spain*

Fue en 1986 cuando el estadounidense David Waggoner, en una historia muy americana, inventó los Alien en su garaje y los comercializó con su propia marca: Colorado Custom Hardware (CCH), registrando la patente al año siguiente. Su principal diferenciación era su pequeño tamaño: donde antes se pitonaba, ahora se podía poner uno de estos inventos. Tras el fallecimiento del inventor, en 2009, la firma salió a la venta. En 2011 la empresa española Fixe Climbing la adquirió, trasladando la producción de los Alien a Sant Quirze de Besora (Barcelona), donde los siguen fabricando hoy.

El Alien ha ido sumando mejoras con las sucesivas versiones (como el Alien Evo en 2015 o el Alien Revo en 2017). El más reciente, perteneciente a la sexta generación nacida en 2023, es el **Alien X**, fiel al primer modelo, pero con novedades como una nueva textura para las levas, más ergonomía y una construcción más sólida. También han aplicado color en las levas para que el reconocimiento visual sea más rápido. Está disponible en 6 tamaños, de 1/3 a 1, siendo el "semáforo de Alien" (verde, amarillo y rojo) una referencia. Además, las tres tallas grandes (3/4 amarillo, 7/8 gris y 1 rojo) pueden trabajar como empotrador pasivo.

Totem, los primeros con levas de tracción independiente

Fue en 2011 cuando una pequeña empresa afincada en Gipuzkoa (País Vasco) da una vuelta de tuerca creando los primeros friends con levas de tracción independiente. Lo consigue sustituyendo el clásico vástago por cuatro cables que tiran directamente de cada una de las cuatro levas. Permite además la posibilidad de cargar solo dos levas. Son unos friends compactos, ligeros, que proporcionan un agarre sólido gracias a la aleación con la que están fabricadas y a su diseño. Desde su lanzamiento consiguen muy buena aceptación, siendo

MARCA	MODELO (en talla nº 1)	RANGO USO	RESISTENCIA	PESO	PVPR
WILD COUNTRY	Friend (rojo)	31.7 a 53.6 mm	10/12 kN	130 g	95,00 €
BLACK DIAMOND	Camalot C4 (rojo)	30.2 a 52.1 mm	12 kN	123,9 g	85,00 €
BLACK DIAMOND	Camalot Ultralight (rojo)	30.2 a 52.1 mm	12 kN	101 g	110,00 €
ALIEN	Alien X (rojo)	20.3 a 33.4 mm	9/5 kN	70 g	86,49 €
TOTEM	Totem Cam (morado)	20.9 a 34.2 mm	10 kN	95 g	89,95 €
ROCK EMPIRE	Axel (gris)	18 a 31 mm	8 kN	110 g	78,00 €
DMM	Dragon (morado)	20 a 33 mm	14 kN	103 g	89,99 €

ALEXEGGERMONT / TOTEM

Brittany Goris en la legendaria fisura *The Shadow* (5.13b), en Squamish, escalada por primera vez ¡a vista! por Peter Croft en 1988.

especialmente alabados por su firme sujeción en los emplazamientos. Los **Totem Cams** están disponibles en siete tallas (0.50 a 1.80), siguiendo un código de colores propio.

Los Axel de Rock Empire

La firma checa comenzó a fabricar friends en 1995. Actualmente ofrecen varios modelos, entre ellos los Flexor, que son de un solo eje, y están disponibles en 10 tallas. Su modelo más puntero es el **Axel**, que es de doble eje, vienen con cinta de Dyneema alargable, con vástago flexible y están hechos en aluminio. Son funcionales, a un precio muy competitivo y fabricados en Europa. Están disponibles en 8 tallas, desde 0,25 a 6, con un código de colores propio.

Los Dragon de DMM

La empresa británica DMM (*Dennis Manufacturing Machining*) fue una de las primeras en fabricar los primeros modelos de friends, en la década de los ochenta, que han ido

evolucionando. Los actuales **Dragon Cams** presentan una superficie de contacto de las levas aumentada, con el sistema *TripleGrip* y otras características que han reducido la posibilidad de deslizamiento una vez emplazados. Con doble eje, tienen una flexibilidad de las levas de 360º y un amplio rango de expansión. Están disponibles en diez tallas, de 0,5 a 8. También tienen la gama de tamaños pequeños Dragonfly Micro Cams (en seis tallas) y los Dragonfly Micro Cams Offsets, con levas asimétricas.

A la hora de escoger uno u otro friend, además de su ligereza, rango de uso, flexibilidad del vástago o solidez del emplazamiento, entran en valor otras características como su ergonomía al utilizarlo o el tipo de cinta extensible. Sea el modelo que sea, solo el uso continuado de los friends nos ayudará a encontrar los emplazamientos adecuados que garantice su correcto funcionamiento y a acertar con la talla a la primera.

Redacción DESNIVEL

Fixe Climbing Alien X

Sexta generación del micro cam que obtuvo su primera patente en 1986, en Colorado (EE.UU). Conserva su carácter original, con una nueva versión que mejora los acabados y el rendimiento. La nueva textura X-Grip de las levas optimiza la adherencia. Su gran flexibilidad absorbe los movimientos de la cuerda evitando que las levas se muevan una vez emplazado. Se ha mejorado el diseño de la geometría de las levas y se conservan los colores de las tallas que se han convertido en un referente en las reseñas de escalada. Tres tallas grandes más polivalentes. Tirador más ergonómico y redimensionado, facilitando su manipulación. Anilla de Dyneema mejorada. Los Alien X se fabrican a mano en Barcelona.

Peso: 53-70 g. **Materiales:** aluminio, Dyneema y acero inoxidable. **Resistencia:** de 5 a 9 kN. **Packaging:** 100% reciclable. **PVPR:** 86,49 €

www.fixeclimbing.com

C.A.M.P. Tricam

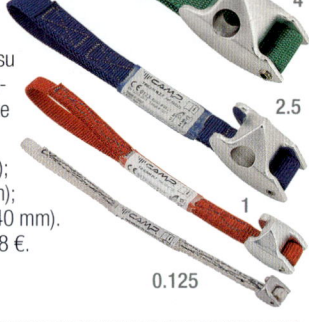

Material de protección con un diseño especial que puede ser usado como levas activas o como empotradores pasivos y, a menudo, funcionan donde no es posible posicionar ningún otro tipo de seguro. También trabajan bien en fisuras horizontales, en fisuras verticales poco profundas e incluso en grietas heladas. Con un diseño mejorado para que su emplazamiento sea más fácil, en especial en las medias 0.125 a 2.0, por su cinta rígida gracias al diseño de su costura y a su posición respecto a la cabeza, que no compromete su rendimiento y lo hace más resistente frente a los bordes afilados.

Medidas: 0.125 (10,5 g, rango 10 a 16 mm); 0.25; 0.5; 1; 1.5; 2 (57 g, rango 29 a 45 mm); 2.5; 3; 3.5; 4; 5; 6 y 7 (287 g, rango 92 a 140 mm). **Resistencia:** de 3 a 15 kN. **PVPR:** de 26 a 68 €.

www.camp.it

C.A.M.P. Ball Nuts

Las protecciones activas más pequeñas del mundo, ideales para las fisuras más difíciles —estrechas y poco profundas— en las que otros dispositivos no ofrecen garantía. Eficaces también para los agujeros de clavos y en aquellos huecos donde ni siquiera entra un microcam. Inventados en 1987 por John Middendorf y al principio llamados Lowe Balls, los Ball Nuts son la verdadera arma secreta de los escaladores de vías tradicionales y artificiales. Muy valorados también por su extrema ligereza. Con colores diferentes para una rápida identificación de las medidas.

Medidas: 1 (31 g, rango 4 a 6, 8 mm), 2, 3, 4 y 5 (74 g, rango 10,6 a 16 mm). **Resistencia:** de 7 a 8 kN. **PVPR:** 69,95 (todas las medidas).

www.camp.it

Garra **Guantes Kiretsu**

Guantes ligeros, adherentes y duraderos, perfectos para los empotramientos en fisuras. Los guantes Kiretsu (fisura, en japonés) están fabricados en piel sintética de alta resistencia que aporta una gran comodidad y adaptabilidad a los movimientos. Además, llevan goma Vibram en el dorso de la mano, pegada y cosida con hilo de Kevlar, para una mejor sujeción en los bloqueos en las fisuras. Combinan la resistencia de un guante de trabajo con la precisión de un guante más fino. Su forma anatómica protege las zonas más vulnerables de la mano, sin dañarte la piel en los empotramientos.

Tallas: S 7/8 cm), M (8/9 cm) y L (9/10 cm). **Peso:** 65 g (el par en talla L). **PVPR:** 19,90 €.

www.garraclimb.com

Metolius
Crack Glove

El guante Crack tiene una construcción anatómica para un ajuste que envuelve la mano cómodamente. Fabricado con una delgada capa base de tejido sintético y transpirable que es más resistente a la abrasión que el cuero. La cubierta de uretano de perfil bajo proporciona un agarre y protección máximos mientras permite mantener la destreza y la movilidad en las manos. Vegano, no contiene productos de origen animal.

Color: negro/gris. **Tallas:** XS (15.9 - 17.8 cm), S (17.8 - 19.7 cm), M (19.7 - 21.6 cm), L (21.6 - 23.5 cm) y XL (23.5 - 25.4 cm). **PVPR:** 55 €.

www.metoliusclimbing.com

Totem
Totem Cams

Empotrador de levas que ofrece una extraordinaria capacidad de agarre y polivalencia de uso gracias a su sistema patentado de carga directa, perfectamente equilibrada en cada una de las cuatro levas. Posibilidad de cargar solo dos levas. Diseño exclusivo con el que se logra ampliar el abanico de posibles emplazamientos. Una vez emplazados se mueven menos, gracias a los fuertes muelles y la gran flexibilidad. Anchuras de cabeza bien proporcionadas, con la cabeza más estrecha para la talla menor. Son fáciles tanto de instalar como de extraer, incluso con guantes. Buen rango de expansión (64%). Ligeros y duraderos.

Tallas: 0.50 (69 g, rango 11,7-18,9 mm), 0.65; 0.80; 1.0; 1.25; 1.50 y 1.80 (144 g, rango 39,7-64,2mm). **Resistencia** de 6 a 13 kN según talla. **PVPR:** 89,95 €.

www.totemmt.com

Wild Country
Friends + Zero Friends

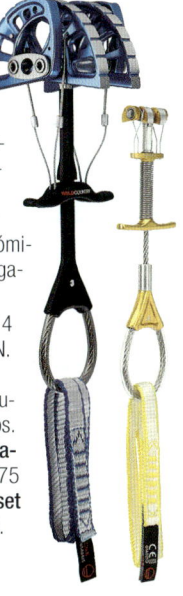

Icónica protección que, aunque ha cambiado en sus 43 años de historia, mantiene su esencia. Conserva su característico y amplio ángulo de apertura de 13.75º. Su construcción forjada en caliente en aleación 6082, combinada con los huecos de las levas, la hacen extremadamente ligera y resistente cuando está emplazada. Vástago y tirador ergonómicos. Cinta de Dyneema extensible de 12 mm. Su doble eje garantiza un amplio rango de colocación para cada tamaño.

Tallas: 0.4 (74 g, rango 15.8 a 26.4 mm), 0.5; 0.75; 1; 2; 3 y 4 (260 g, rango 66.8 a 112.1 mm). **Resistencia:** de 10 a 12 kN. **PVPR:** 90 a110 € (dependiendo talla)
También disponibles los **Zero Friends**, con un ángulo de apertura de 17.6º, para las fisuras y emplazamientos más pequeños. Con cinta extensible de Dyneema de 10 mm. **Disponibles en tamaños:** 0.1 (rango 8.5 a 13.2 mm), 0.2; 0.3; 0.4; 0.5 y 0.75 (rango 25.4 a 40.1 mm). **Resistencia:** de 5 a 9 kN. Y los **Offset Zero** (con dos tamaños de levas en cada friend), de 0.1 a 0.75.

www.wildcountry.com

Wild Country
Ropeman 4

Compacto bloqueador que abarca un amplio rango de aplicaciones técnicas, incluyendo rescate de emergencia, autorescate, ascenso por la cuerda, autoaseguramiento y posicionamiento con el cabo de anclaje. Su mejorado mecanismo de cierre evita la apertura accidental mientras se está ascendiendo una cuerda, a la vez que garantiza que la cuerda no se enganche entre la placa y la leva, siendo por tanto más eficiente y seguro. Fabricado con aleación de aluminio, es compatible con mosquetones tanto HMS como ovales. El amplio diseño del agujero permite la rotación completa del dispositivo en torno al mosquetón. El cable de resistente acero inoxidable está cubierto con una funda de plástico resistente para facilitar su manejo y aportar seguridad. Ligero y de pequeño tamaño.

Peso: 69 g. Compatible con cuerdas de 8 a 13 mm. **PVPR:** 75 €

www.wildcountry.com

Wild Country
Mosquito Pro

Versátil arnés especialmente indicado para vías de varios largos, alpinismo y escalada tradicional, que no defrauda para cualquier uso. Aporta una total libertad de movimiento gracias a su especial construcción, que te permite flexibilidad al escalar. Su construcción de cintura laminada, con tres tiras internas, distribuye la carga de forma equilibrada, logrando una gran comodidad. Y el acolchado transpirable y superligero, recubierto con Ripstop elástico y resistente a la abrasión, consigue un tacto ligero y suave. Diseño con tres hebillas, para mayor versatilidad de uso. Cinco anillas portamaterial, de TPU inyectado, y 2 ranuras para porta-tornillos. Se pliega a un tamaño compacto y viene con funda de transporte.

Peso: 340 g (M). **Tallas:** XS a L. **PVPR:** 130 €

www.wildcountry.com

«FISU»
GALERÍA

Miradas entre grietas

Reunimos en estas páginas algunas de las fotos recibidas para el concurso de fotografía convocado en redes sociales (tanto las cinco ganadoras como las finalistas), así como otras imágenes de fisuras recomendables de la geografía española que no podíamos dejar fuera de este número especial.

Fisuras en Navarra | *Ekaitz Maiz* ⬆

Txus Lizarraga en *Txerriaren Garasia* (6b+), un monolito ubicado junto a la zona de Jaitz/Salinas de Oro (Navarra). En las cercanas peñas de Etxauri también encontramos buenas fisuras, como la *Fisura Y*, un antiguo A3 que en libre sale 8a+, la más dura de la zona.

En memoria de Esteban | *Dani Castillo* ➡

Almudena Ucha en una de las mejores vías del Pico de la Miel, en la Cabrera: la *Esteban Altieri* (150 m, 6a+). Comenzada en otoño de 1978, en su apertura participaron los hermanos Esteban y Juan Altieri, Juan Lozano, Manuel Segovia y Gregorio Arranz, dedicándosela póstumamente a Esteban, fallecido en la Semana Santa de 1979 en un alud en Galayos.

Las más duras, por Mulero

Jaime Merino ⬆

Ignacio Mulero tiene las propuestas más duras de fisura de la Pedriza: arriba en *Snoop Dog* (8b+), sector Hiedra, que hizo en febrero de 2023. El mes siguiente firmó la primera de *El Boulder del Pedal*, en la Pradera del Yelmo, también en autoprotección, instalando los seguros desde abajo; propuso 8c+, lo que la convierte en la propuesta de fisura más difícil de España. Ambas aguardan una repetición.

Mira un búho | *José Núñez López* ⬅

Jesús Velasco "Chuchi" en el lugar perfecto para retratar esta bella vía del Risco de los Principiantes: *Mira un búho* (45 m, V+), abierta en 1984 por Carlos López y Julián González, una de las clásicas más repetidas de la Pedriza.

GANADOR

A Peneda, pequeño Yosemite

Ernesto Fernández ➡

Alexandre Brion en el L2 de *Gritos de Ultratumba*, un 6b mantenido donde practicar casi todas las técnicas de fisura (oposición, chimenea, bavaresa..). Puro placer y esfuerzo. Está ubicada en A Peneda (Portugal) en la pared de Meadinha; el "pequeño Yosemite" de la Península, donde me convertí en un adicto a las fisuras y su constante peregrinación.

GANADOR | **_Moonlight Buttress_**

Manuel López

Es seguramente la vía más famosa y mantenida de Zion y de las más espectaculares. ¡Tiene fisuras de todos los tamaños! La foto es en el L8, un _splitter_ de dedos perfecto. ¡Resulta increíble que Alex Honnold subiera por ahí sin cuerda! Nos subimos un par de días con la hamaca para intentar encadenar algunos largos, ese es el mejor recuerdo que tengo. Estar allí arriba solos y compartir los pegues con dos buenos amigos como son Xavi y Bosco Bonilla (quien me hizo esta foto).

Histórica fisura Jesús | _Iván de Vicente_

La fisura _Jesús_ (originalmente _Hiedra_), fue la primera vía de cierta entidad abierta en Xalo (A Coruña), en artificial por Jesús Vazquez y otros. Fue liberada por Finuco en el 82, convirtiendose en la primera fisura de 7b en España. El de la foto soy yo, Borja Zabala, un eibarrés, en el verano de 2023. Mi interés por la escalada en el granito de Galicia viene desde 2018 cuando, en un viaje a Yosemite, conocí a unos gallegos que intentaban hacer la _Triple Directa_ en el día. Me explicaron que los pioneros gallegos entrenaron duro en Xalo para después lanzarse a por las paredes de Yosemite. Yo hice el camino inverso, e intenté poner en práctica en esta vía lo aprendido en el granito de EE.UU.

Divirtámonos hasta morir | *Joan Cabau* ⬅

De camino hacia el refugio Ventosa i Calvell, Pirineos, siempre veía a mano izquierda ese muro compacto e intimidante que después llamamos "El Tableton". Se trata de un pequeño sector situado un poco a desmano, un cerca/lejos. Quizás fue la vez n° 57 o la 61 que subía al refugio que me fijé con mayor atención y decidí acercarme a pie de vía. El resultado de un verano (agosto 1983) compaginando refugio y escalada fue cuatro vías, entre ellas *Ascensor para el cadalso* (8a+, 35 m) de estético espolón y *Divertim-nos fins a morir* (7b+), una impecable fisura de 40 m y con mucho carácter que decidí dejar equipada ya que era la única vía en este estilo.

El Techo del Oso | *Alfonso Martínez* ↙

Pablo Rodríguez en el encadene al flash del *Techo del Oso*, firmando así la primera repetición en libre de este 7c+ de fisura ubicado en plena Sierra de Béjar, en la Barrera de Valdesancho, junto a la estación de Esquí de la Covatilla.

No se olviden de leer | *Jozua Jansen* ⬇

En 1991, durante un *road trip* por Utah, tuve que hacer un curso avanzado de estrategia para poder ordenar el *rack* de friends, de forma que pudiera encontrar el que se ajustaba al momento. Si no mantienes un mínimo de orden en el arnés, cuando buscas la pieza adecuada, resulta que hay que andar rebuscando… y el antebrazo, aunque está empotrado, se va hinchando. En las fisuras kilométricas de Indian Creek , si no aprietas la mano dentro de la fisura, desgraciadamente te resbalas. La forma de aprender mas rápida que encontré fue estudiarme los croquis de los sectores de las vías mientras escalaba unos metros. Chicos, no se olviden de leer, uno nunca sabe cuándo va a necesitar un buen texto de ayuda…

GANADOR | *7c a 3200 metros*

Trond Ola Tilseth ⬆

El granadino Álex Corpa en la *Salida Moleón-Fernández* (una variante de salida de la vía *Extraplomos*), en el sector Extraplomos del Veleta, a unos 3200 metros de altitud. La foto la saqué en septiembre de 2023 y ese día Álex no consiguió encadenarla, pero volvió unos días después y se llevó este exigente 7c de autoprotección (A2 en artificial). Para sacar la foto estuve una hora y media colgado, pero valía la pena ya que el lugar es espectacular, con vistas a varios tresmiles de Sierra Nevada. Podía tirar fotos desde dos puntos diferentes gracias a una «cuerda guía» que Álex montó por encima de la ruta (la misma que le permitía acceder a pie de vía).

Yuyu | *Jon Ansola* ➡

Este es el segundo largo de la vía *Yuyu*, que está en el sector Afrikan Wall de Cavallers, en el Pirineo. En total la vía tiene 120 metros. Este largo surca en travesía un espectacular techo desplomado por una fisura perfecta que en su día estaba equipada con parabolts, pero luego los mismos equipadores decidieron quitarlos, y la verdad que le da bastante emoción al largo. Respecto a su grado creo que le dan 7b; la escalé con mi compañero, Borja Zabala.

Victorinoski now I *Jaime Merino* →

Vía ubicada en la Aguja Sodomita de la Pedriza, es un antiguo artificial con primera en libre (7b+) por Ignacio Mulero a finales de 2020 y segunda por David Núñez. Para mí es una de las mejores vías de fisura de la zona del Yelmo.

Pilar Rojo, Aguja Mermoz I *Sol Giadorou* ↓

Fui a esta vía en enero del año pasado con mi pareja, Jaume. Fue la primera brecha de la temporada en Patagonia y, aunque no estábamos muy en forma, soñábamos con esa línea y fuimos directos. Son muuuuchos largos de una fisura continua. Hay tres 7a y otros grados, pero arriba hasta el 6a+ es duro. Ese viaje fue un poco mi despedida del alpinismo extremo porque al volver quedé embarazada y ahora vamos mucho a la deportiva con Ona, nuestra bebita.

Palatinate I *Günter Kraemer* ←

La zona de Palatinate, en Alemania, es una de las más bellas para escalar en roca arenisca. Las fotos son de la fisura *Großer Südriss* 6E1, una gran clásica, abierta por Hans Laub en 1955.

Testando los friends

David Palmada 'Pelut' →
Abriendo *Ratas Pendensieras* (345 m, A4/6a) en la Huasteca (México), con Joan Gibert en 2021. Una vía "pendensiera" que nos hizo sudar de lo lindo, y más con los 45°C que hacía...

Líneas perfectas I *Luis de Lago* → →

Protegiendo la perfecta fisura de la *Via 41* (6a) del sector Reservoir Wall, Indian Creek, Utah. La foto me la tomó Santiago Vázquez.

TÉCNICA DE ESCALADA EN FISURA

Los
5
empotramientos
básicos

Marina Barrio en *Paquita style* (6a+) en Tamadaya (Tenerife). A la derecha, Pablo Rodríguez en *El techo del camino* (7A+), un duro bloque de empotramientos de manos en la Pedriza.

El guía de alta montaña y autor del manual *Escalada de fisuras* Máximo Murcia nos presenta aquí algunas de las técnicas indispensables para iniciarse en el maravilloso mundo de los empotres, tanto de dedos y manos como las correspondientes estrategias para colocar los pies de forma eficiente.

JAIME MERINO

LAS técnicas para subir por las fisuras se han ido desarrollando desde hace más de un siglo, ya que son las líneas de escalada naturales más evidentes. Los pioneros en los Alpes ya dejaron un buen legado, pese a las limitaciones técnicas y de material. Los años setenta del pasado siglo trajeron un cambio definitivo de mentalidad en favor de lo que ahora conocemos como escalada libre, lo que propició no solo un mayor desarrollo de las técnicas para "liberar" fisuras, sino lo que fue el impulso definitivo y revolucionario para escalar rápido y seguro por ellas: el invento y comercialización de los empotradores de expansión por levas, los "friends" (Wild Country 1978).

En nuestro país, si bien la escalada específica de fisuras siempre ha tenido sus adeptos, sobre todo en zonas donde las buenas fisuras abundan, nunca ha sido muy popular. Esto no es de extrañar ya que, si bien la escalada de muros es natural e intuitiva, las técnicas para escalar fisuras requieren un lento y a veces frustrante aprendizaje que exige paciencia y constancia. Esto crea de entrada un rechazo, agravado por la visión tan lúdica y deportiva que tiene hoy la escalada para la mayoría, donde lo que prima es "triunfar", tener rápidos resultados y encadenar vías, dejando como aspecto secundario el aprendizaje.

Para los escaladores noveles, lo recomendable es adquirir primero una sólida técnica básica antes de enfrentarse con este tipo de escalada. Para los escaladores ya iniciados que solo han hecho escalada deportiva, una carencia importante suele ser la falta de experiencia en las técnicas de autoprotección, ya que el hecho de tener que colocar los seguros (y fiarse de ellos) añade tensión e incertidum-

bre. En definitiva, se necesita humildad y ganas de aprender.

En mi opinión, es precisamente esa desafiante combinación de escalada técnica, estrategia, exigencia mental y autoprotección, lo que da a la escalada de fisuras (y de autoprotección en general) su riqueza y atractivo.

En este artículo ofrezco algunas ideas básicas sobre una selección de técnicas elementales para empezar a enfrentarse con este tipo de escalada. Son los empotramientos naturales, aquellos en los que la medida de la grieta permite a la mayoría empotrar con facilidad los dedos, manos o puños. Ya sea utilizando los apéndices como un empotrador pasivo aprovechando los estrechamientos, o de forma activa con expansión y torsión, lo que se conoce como empotramiento o cerrojo.

Máximo MURCIA

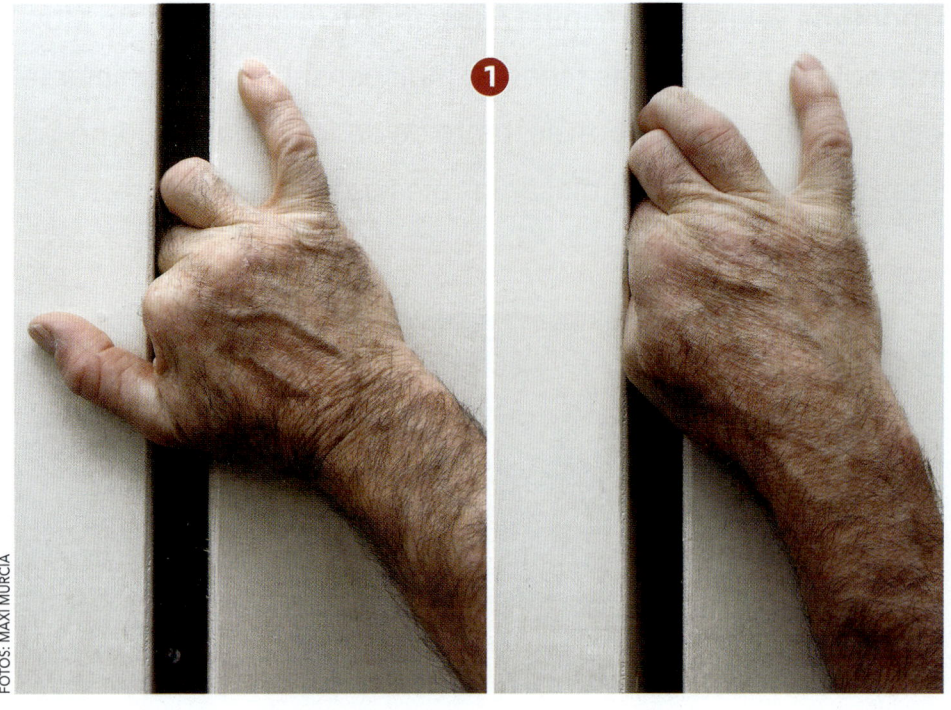

FOTOS: MAXI MURCIA

Imagen 1:
Dedos con pulgar
hacia abajo.
Pulgar dentro o
fuera según el
ancho.

Imagen 2:
Dedos con pulgar
hacia arriba.

Imagen 3:
Empotramiento de
puntera.

Imagen 4:
Canteo lateral
sobre los bordes.

FISURAS DE DEDOS

Estas fisuras son en general una combinación de escalada en placa y fisura ya que, si bien la grieta nos permite meter los dedos para empotrarlos o como presa lateral, la mejor opción para los pies será encontrar apoyos en las paredes externas.

Empotramiento de dedos, pulgar hacia abajo

Se insertan todo lo posible el índice, el corazón y lo que quepa del anular, orientados al interior de la grieta y con el antebrazo horizontal y, una vez acomodados y apretados entre sí, se baja el codo creando un efecto expansivo de rotación. Un poco más ancha y entrará el pulgar, que ayuda apretando contra la pared interior. La palma de la mano y el antebrazo se acerca a la roca todo lo posible para hacer una correcta tracción hacia abajo, no hacia afuera.

Empotramiento de dedos, pulgar hacia arriba

Mucho menos efectivo, ya que la rotación que se puede conseguir con la muñeca es menor y se necesita más fuerza, al menos que haya un estrechamiento por debajo para que encaje el meñique. El dedo índice queda fuera o dentro según la profundidad que se alcance con los dedos. El pulgar y la palma de la mano se comprimen contra la roca. También se puede dejar fuera el meñique y que sea el dedo anular el que se encaje si hay un estrechamiento.

Técnica de pies en las fisuras de dedos

Los pies aquí tienen una difícil papeleta, así que es fundamental aprovechar todos los apoyos posibles en las paredes externas. Si hay algún hueco en algún punto de la grieta, se mete la puntera todo lo posible con el pie de lado, es decir, presentando el perfil más estrecho, para lo que habrá que girar el pie y alejar la rodilla. Después se lleva la rodilla hacia la grieta para provocar torsión. Sin apoyos externos ni hueco en la grieta, no cabe otra que adoptar posturas laterales tipo bavaresa en una combinación de canteo en el borde y adherencia.

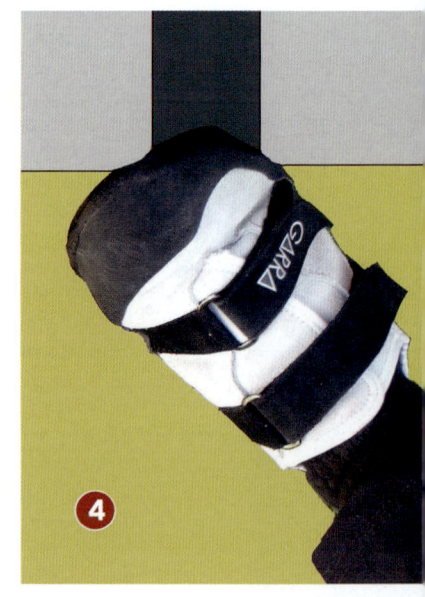

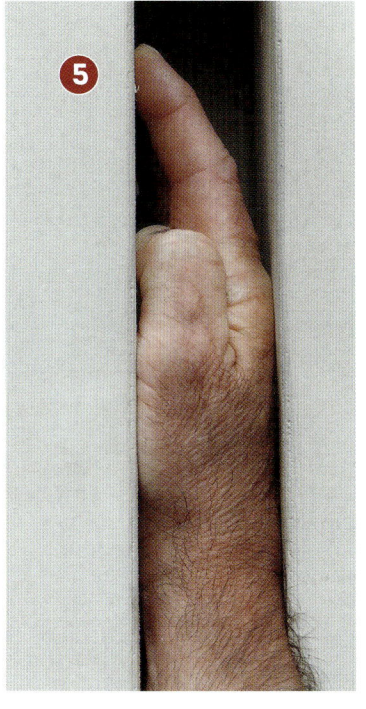

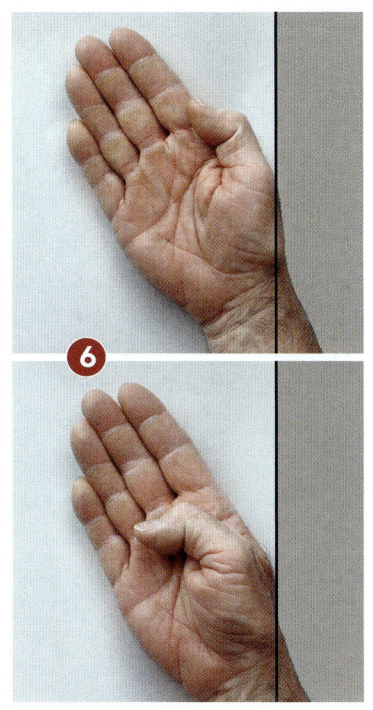

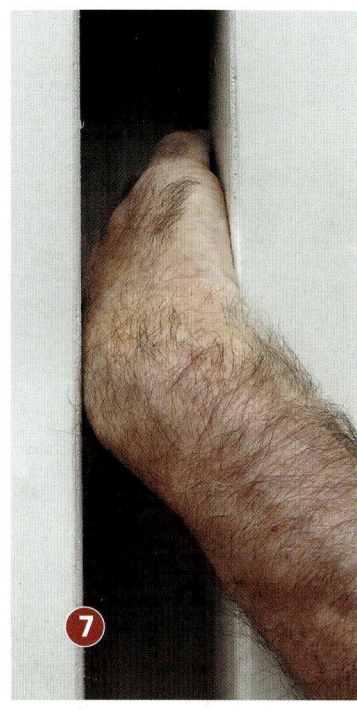

Imagen 5:
Mano básico con el pulgar hacia arriba. Vista de frente.

Imagen 6:
El pulgar se fuerza hacia la palma todo lo posible según el ancho. Vista de lado.

Imagen 7:
Mano básico con el pulgar hacia abajo. Vista de frente.

Imagen 8:
Mano básico con el pulgar hacia abajo. Vista de lado.

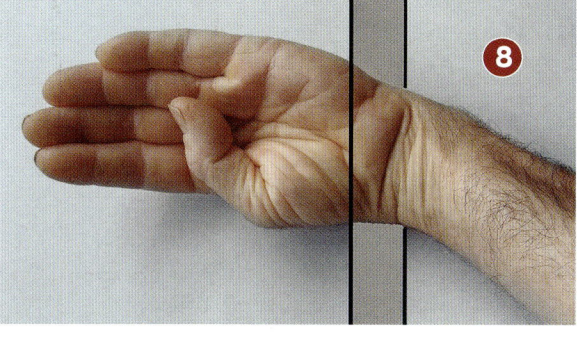

FISURAS DE MANOS

Son las más agradecidas y fáciles de ejecutar. Además, en este ancho se podrá empotrar bien la parte delantera de los pies.

EMPOTRAMIENTO BÁSICO

Cuando la grieta es solo un poco más ancha que la mano, es un empotramiento muy potente. Es la primera técnica en la que tienes que centrarte si eres principiante.

Con el pulgar hacia arriba

Es la posición más natural y permite hacer movimientos muy amplios. La mano se mete relajada con el pulgar extendido y separado de la mano, y una vez dentro, el pulgar se fuerza para tratar de insertarlo todo lo posible entre la palma de la mano y la pared, de modo que aumente el volumen.

Con el pulgar hacia abajo

Especialmente útil en diedros o posiciones laterales para la mano más alta, o para mejorar el empotramiento, gracias a que se añade un efecto natural de torsión al bajar el codo. Igualmente se trata de insertar el pulgar entre la pared y la palma de la mano. Por la posición en la que queda el brazo, la posibilidad de bloqueo queda limitada solo hasta la altura de la cara. Para meter la mano lo más alto y lo más adentro posible, habrá que girar la muñeca y levantar el codo.

Técnica de pies en las fisuras de manos

Estas grietas permiten fáciles y potentes empotramientos de pies.

Pie de lado

El pie se mete de lado todo lo posible ofreciendo el perfil más estrecho, apuntando en horizontal con la puntera al interior de la grieta, para ello habrá que girar el tobillo y abrir la rodilla lateralmente. Una vez dentro, al llevar la rodilla hacia la vertical se produce un efecto natural de rotación.

Imagen 9:
El pie se mete de lado y al llevar la rodilla hacia la vertical se produce la torsión y sujeción.

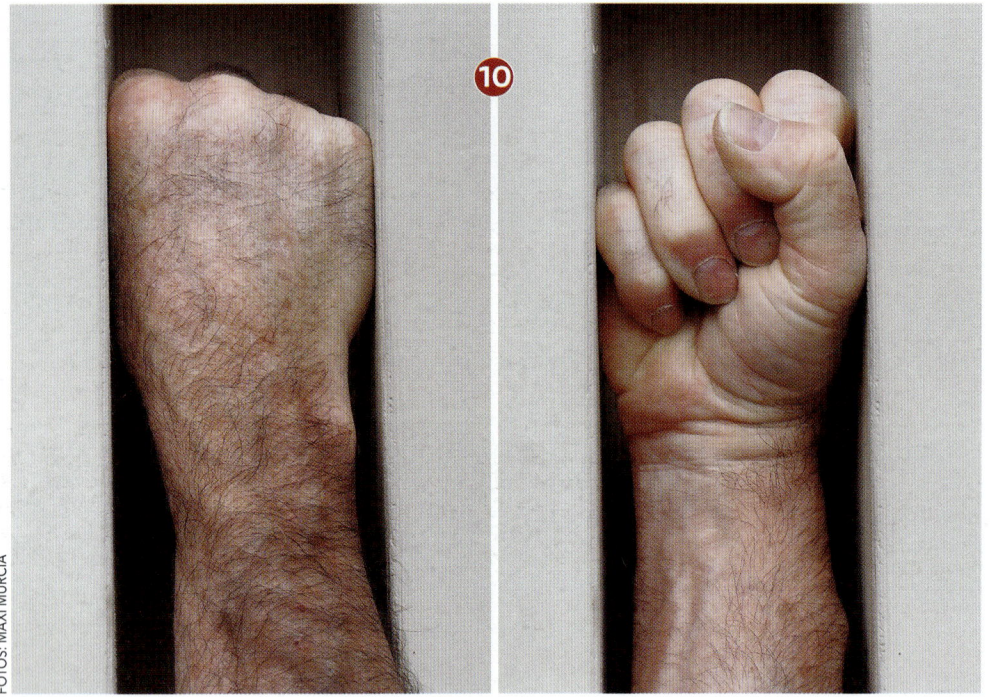
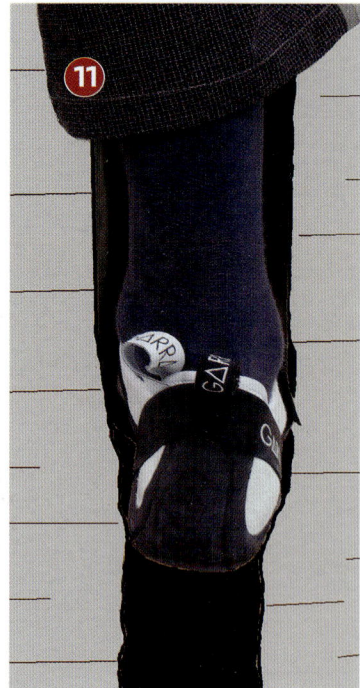

FOTOS: MAXI MURCIA

FISURAS DE PUÑOS

Aun no siendo fácil, es agradecido cuando la grieta tiene el ancho perfecto para nuestro puño, pero cualquier pequeña variación en anchura lo hace difícil e inseguro.

EMPOTRAMIENTO DE PUÑO BÁSICO

La mano se mete relajada con la hilera de nudillos atravesados en la grieta y, una vez en su ubicación, se cierra el puño con fuerza para producir una pequeña expansión. El pulgar colabora para crear pequeñas variaciones de volumen ya sea por fuera apretándose contra el resto de dedos, o entre los dedos y la palma, o incluso sacándolo entre medias de los otros dedos. Con la palma hacia adentro o hacia abajo es más práctico para los cerrojos por encima de la cabeza y con la palma hacia arriba o hacia afuera si se necesitan empotramientos bajos. Como la posibilidad de expansión es muy poca, se puede añadir algo de volumen forzando la muñeca hacia los lados (mejor hacia el pulgar) o rotando el puño.

TÉCNICA DE PIES EN LAS FISURAS DE PUÑOS
Pie de frente

Según el ancho, podemos meter el pie de frente con la suela horizontal o casi horizontal en una posición natural. El pie se mete hasta la mitad para encajar la parte más ancha. Aunque quepa el pie entero no interesa meterlo del todo, ya que empotrarlo demasiado puede suponer un inconveniente a la hora de desatascarlo. Si entra holgado en esta posición, hay que forzar el pie girándolo horizontalmente contra las paredes.

Pie de lado

Es la misma técnica vista para fisuras de manos, solo que ahora el pie entrará más, con lo que, en vez de la suela, será el canto interno del pie lo que se apoya en la pared. Al estirar la pierna el pie quedará retorcido a medio camino, entre pie de frente y pie de lado, y el arco plantar presionará sobre un borde de la grieta y la parte superior de los dedos sobre la pared interna opuesta.

ESCALADA DE FISURAS
Iniciación y perfeccionamiento

Máximo Murcia. Ed. Desnivel, 2021. 16,5 cm x 22 cm. 160 pág. 19 €

Fundamental manual que ayuda a los escaladores primerizos o ya iniciados a aprender o mejorar sus habilidades para enfrentarse a la escalada de fisuras. Además de las técnicas básicas más conocidas y comúnmente utilizadas, incluye un amplio repertorio de técnicas avanzadas menos conocidas. Todas las técnicas y maniobras se acompañan de ilustraciones y fotos que facilitan su comprensión.